博客：http://blog.sina.com.cn/bjwpcpsy
微博：http://weibo.com/wpcpsy

神奇的大脑

Magic Brain

修订版

大脑潜能开发手册

尹文刚 著

世界图书出版公司
北京·广州·上海·西安

图书在版编目（CIP）数据

神奇的大脑：大脑潜能开发手册：修订版 / 尹文刚著. -- 北京：世界图书出版有限公司北京分公司, 2021.10
ISBN 978-7-5192-8912-6

Ⅰ.①神… Ⅱ.①尹… Ⅲ.①智力开发—习题集 Ⅳ.①G421-44

中国版本图书馆CIP数据核字（2021）第177036号

书　　名	神奇的大脑：大脑潜能开发手册（修订版） SHENQI DE DANAO	
著　　者	尹文刚	
责任编辑	梁沁宁	
出版发行	世界图书出版有限公司北京分公司	
地　　址	北京市东城区朝内大街137号	
邮　　编	100010	
电　　话	010-64038355（发行）　64037380（客服）　64033507（总编室）	
网　　址	http://www.wpcbj.com.cn	
邮　　箱	wpcbjst@vip.163.com	
销　　售	各地新华书店	
印　　刷	三河市国英印务有限公司	
开　　本	787 mm × 1092 mm　1/16	
印　　张	17.5	
字　　数	260千字	
版　　次	2021年10月第3版	
印　　次	2021年10月第10次印刷	
国际书号	ISBN 978-7-5192-8912-6	
定　　价	49.00元	

版权所有　翻印必究
（如发现印装质量问题，请与本公司联系调换）

前　言

我们都知道，人的身体可以通过运动训练变得更加强健，那么我们的大脑，特别是幼儿的大脑，有没有可能也像躯体一样，通过有意设计的专门训练，得到更好的发展，变得更加聪明，更具有创造能力，更能适应当今竞争越来越激烈的社会呢？答案是肯定的，道理和方法就在这本书里。

开发大脑已是当务之急，有识之士不会意识不到它的重要性。我们现在已经进入了后资本主义时代，后资本主义时代的另一个名称就是知识时代，知识时代最显著的特征就是知识爆炸，知识已成为最具潜力的资本。在这个时代，一个人能不能具备更强的竞争能力，能不能更好地生存下来，不再靠他的体力，而是要靠一个智慧的大脑、丰富的知识、熟练的技能。

本书将现代大脑科学的研究教育和训练结合起来，深入浅出地介绍了大脑的知识，让科学走进我们的生活。它要告诉家长和老师的是：儿童的大脑完全可以通过科学的训练促进其发展，学龄前有很多关键期不容我们忽视，但开发大脑要走一条科学和有效的路，否则将会是徒劳无益的。本书将介绍一些具体的行动方案和切实可行的操作方法，告诉家长和老师怎样具体地开发儿童的知觉、注意、言语、记忆和思维能力。此外，书中还会介绍一些早期发现你的孩子是不是个小天才的方法。

脑功能开发不仅是一门科学，同时也是一门艺术。作为一门科学，它讲求实证和严谨；作为一门艺术，它讲求个性发展。我们人类依据对于自己大脑的科学认知，有目的地开发其功能，是一件了不起的事业，其乐无穷。

现在市面上儿童智能开发方面的书籍很多，这是一个非常好的现象，说明人们对这件事情非常重视。与此同时，我们也经常听到一些反映，就是这方面的内容很多，有些书这样说，有些书那样讲，方法各种各样，不知究竟应该听谁的。我们认为，只要掌握了脑科学的基础知识，选择何种方法开发大脑也就容易多了，并且还可以自己开发出新的方法来。这正是写作本书的一个主要目的。

为了达到这个目的，本书做了这样的安排，把科学理论和教育训练结合在一起，既有脑科学知识的介绍，又有实际操作的实践，不仅告诉家长和老师以及学生自己做什么，而且说明白为什么。

作者

2004年11月

目录

第一章　机不可失，失不再来　001

1. 孩子的未来就在你的手中　002
2. 遗传和环境　006
3. 脑的潜力到底有多大？　008
- 怎么做？——重新认识、了解你的孩子　015

第二章　脑的功能构筑及其与教育的关系　017

1. 为什么要讲脑的功能构筑？　018
2. 脑的基本组织结构　019
3. 大脑是怎样分工的？　024
4. 三位一体的脑　029
5. 脑的三大基本功能区　031
- 怎么做？——针对脑的不同部位的开发训练　033

第三章　关键期　　　037

1. 什么是关键期？　　　038
2. 关键期理念在教育领域中的应用　　　044
3. 智能发展的时间历程　　　046
4. 人的智能与大脑发展阶段的吻合　　　047

　　怎么做？——关键期的大脑开发　　　051

第四章　左脑和右脑　　　053

1. 左脑和右脑有什么不同？　　　054
2. 惯用手问题　　　060
3. 脑开发与脑演化方向的一致性　　　064

　　怎么做？——全脑开发训练　　　065

第五章　男孩女孩不一样　　　069

1. 男女两性大脑结构有差别　　　070
2. 男女两性左右半球特化程度不一样　　　071
3. 男女两性在认知机能上的差别　　　072
4. 男女两性在学习方式上的不同　　　077
5. 男女两性在其他心理素质上的差别　　　078
6. 男女两性在感官能力上的差别　　　079
7. 男女两性脑功能的差别从小就存在　　　079
8. 因性施教　　　081

　　怎么做？——开发不同性别孩子的大脑　　　081

第六章　脑与感-知觉能力开发　083

1. 感觉和知觉　084
2. 视觉系统的发展　085
3. 听觉系统的发展　086
4. 其他感觉系统的发展　087
5. 知觉发展的关键期　089
6. 感-知觉开发的意义　090
- 怎么做？——培养一个感觉敏锐的孩子　091

第七章　脑开发与注意品质培养　093

1. 注意是什么？　094
2. 注意发展的历程　098
3. 矫治注意缺陷　099
- 怎么做？——帮助孩子集中注意力　101

第八章　脑开发与语文能力培养　105

1. 人类的言语机能及其脑机制　106
2. 言语机能发展的关键期　108
3. 为什么要鼓励家长尽量多和幼儿交谈？　109
4. 什么是内部语言？怎样使用内部语言开发大脑？　109
5. 言语能力的发展有哪些阶段性的标志？　111
6. 怎样开发孩子的阅读能力？　113

7. 通过汉字阅读开发大脑机能　　　114

8. 不可忽略的书写机能　　　116

9. 矫治阅读障碍　　　117

　🎯 怎么做？——加强孩子言语能力的训练　　　119

第九章　脑开发与外语能力培养　　　121

1. 人脑的外语潜力　　　122

2. 外语学习的关键期　　　123

3. 第二语言教育的关键内容　　　124

4. 外语学习对其他智能的正迁移作用　　　125

　🎯 怎么做？——创造良好的语言环境　　　126

第十章　脑开发与数学能力培养　　　127

1. 脑的数学机能　　　128

2. 数学机能发展的关键期　　　129

3. 什么是珠心算？珠心算训练可以
   开发大脑吗？　　　131

4. 精算与估算　　　133

5. 矫治数学障碍　　　134

　🎯 怎么做？——提高孩子数学能力的训练　　　136

第十一章　脑开发与思维能力提升　　　139

1. 思维过程的脑机制　　　140

2. 思维的发展历程　　　143

3. 思维机能的开发　　　　　　　　　　144

🎯 怎么做？——提高孩子解决问题能力的训练　145

第十二章　脑开发与记忆能力培养　　　147

1. 人类的记忆机能　　　　　　　　　148
2. 人类记忆机能的潜力　　　　　　　153
3. 人脑中的RAM　　　　　　　　　154
4. 记忆术的学问　　　　　　　　　　155

🎯 怎么做？——挖掘无限的记忆潜能　　158

第十三章　脑开发与创新能力　　　　161

1. 创新能力的重要性　　　　　　　　162
2. 创新是一个什么过程？　　　　　　163
3. 左右脑与创新　　　　　　　　　　163

🎯 怎么做？——从小培养创新能力　　　164

第十四章　脑开发与运用机能　　　　167

1. 什么是运用机能？　　　　　　　　168
2. 运用机能与大脑的关系　　　　　　168
3. 精细动作　　　　　　　　　　　　170
4. 模仿能力　　　　　　　　　　　　171
5. 不容忽视的"现代失写症"　　　　171
6. 发育性运用障碍　　　　　　　　　172

🎯 怎么做？——动手能力的培养　　　　173

第十五章　脑与特殊人才　　175

1. 关于天才的脑科学研究　　176
2. 可以教育出天才吗?　　178

　🎯 怎么做?
　　——怎样尽早发现具有特殊才能的孩子?　　180

第十六章　玩具和脑开发　　185

1. 玩具与儿童的世界　　186
2. 什么样的玩具最能开发儿童的大脑功能?　　187

　🎯 怎么做?——如何选择玩具　　188

第十七章　游戏与脑开发　　191

1. 游戏的种系发展　　192
2. 游戏的个体演化　　193
3. 游戏与脑功能的发展　　195

　🎯 怎么做?——介绍几种益智游戏　　196

第十八章　音乐与脑开发　　209

1. 音乐与大脑　　210
2. 音乐与几种认知机能的关系　　212
3. 大脑对音乐也有选择　　213
4. 民乐与大脑　　215

　🎯 怎么做?——用音乐开发大脑　　216

第十九章　舞蹈与脑开发　217

1. 舞蹈与大脑　218
2. 舞蹈与几种认知机能的关系　219
- 怎么做？——通过跳舞开发大脑　220

第二十章　绘画与脑开发　221

1. 绘画的神奇作用　222
2. 儿童绘画机能的发展历程　222
3. 绘画可以开发哪些大脑功能？　223
- 怎么做？——如何面对孩子的"涂鸦"　226

第二十一章　运动与脑开发　229

1. 运动与脑开发的关系　230
2. 手的运动与脑的发展　231
3. 爬行与脑发展的关系　233
- 怎么做？——简单而有效的动作训练　235

第二十二章　大脑的"食物"　237

1. 脑的发育需要充足的营养　238
2. 哪些食物有利于大脑发育？　240
3. 需要注意的几个问题　248

第二十三章　脑功能和心理素质的测评　　251

1. 孩子性格的测评　　　　252
2. 智能测定　　　　　　　254
3. 脑功能测定　　　　　　259

第一章

机不可失,失不再来

 **脑科学提要:**

- ➤ 遗传决定了脑的硬件,但是更重要的则是由环境决定的脑的软件
- ➤ 人类的大脑具有高度的可塑性
- ➤ 人们能力上的差异正是教育顺应脑的发展的自然结果,是大脑可塑性的表现
- ➤ 人类的智能是多元化的,每个人都有他擅长的方面
- ➤ 人类的大脑具有极大的潜力,通常情况下,我们使用的部分还不到它全部潜力的 6%

1. 孩子的未来就在你的手中

有位哲人说过这样一句话，"给我一批孩子，我可以按照你的要求，把他们分别培养成艺术家、政治家、科学家、企业家、小偷、骗子……"他说这句话，是在一百多年前。人们对此将信将疑，然而大量的事例却让人们不得不相信，人是完全可以改变的，关键就是教育要得法。那个时期脑科学还很不发达，人们对行为和智力的发展的了解还十分有限。为什么不同的教育法可以产生不同的效果？人们并不是十分清楚。

随着科学的发展逐渐揭开了其中的秘密：人的智力和行为是受大脑支配的，有效的教育法之所以可以培养出我们希望的人才，正是顺应了儿童大脑的发展，如果教育不得法，违背了儿童大脑的发展要求，就会造成教育的失败。所以，我们迫切需要的是了解儿童的大脑找到符合大脑发展的科学的教育和训练方法，把我们的孩子培养成未来的成功者。

人脑之间是有差异的，了解这个差异可以更好地因材施教，但是人脑的差异与人们所能达到的成就相比，又实在是微不足道了。

卡尔·威特是19世纪驰名德国的天才。他八九岁时就能自由地运用德语、英语、法语、意大利语、拉丁语和希腊语六种语言；而且还通晓动物学、植物学、物理学、化学，特别擅长数学。他9岁考入莱比锡大学，10岁进入哥廷根大学，14岁获得哲学博士学位，16岁又获得法学博士学位，并被任命为柏林大学的法学教授。他23岁发表著作《但丁的

但丁（1265—1321）：中世纪的伟大诗人，意大利文艺复兴运动的先驱。其代表作品《神曲》表达了他对于人类的爱情、智慧和理想的热烈追求。

误解》，成为研究**但丁**的权威，之后一直在德国的著名大学任教，直到1883年逝世。卡尔·威特的成功，并不是由于他与生俱来的天赋，恰恰相反，他在出生后曾被认为是个有些呆滞的婴儿。卡尔·威特之所以能够这样杰出，完全是他父亲教育的结果。而他父亲的教育之所以成功，从现代脑科学的角度来看，正是符合了儿童大脑发展的需求，正像卡尔·威特的父亲老威特所总结的，"当孩子智力的光芒刚刚出现时，对他的教育就应该开始了"，因为只有这样才能真正满足孩子脑功能发展的需求，而这种做法正是一种科学的教育方法。

其实，满足儿童脑功能发展的需求，进行早期教育，古希腊时期的雅典人就已经开始了，但是不知为什么这个好的传统却从世界上消失了，取而代之的则是要等到儿童七八岁才开始教育的错误观念。这种观念耽误了一大批人，好在现在我们已经认识到了这个问题，并且正在按照脑科学的道理进行积极的纠正。

著名的教育家**蒙台梭利**在意大利贫民区开办学校，将被人们认为"笨"的孩子培育成优秀的人才，她所创立的独特的方法，从现在科学的角度看，也正是一种脑科学的实践。她的方法在"笨"孩子身上都能成功，正常孩子就更不用说了。我们也就可想而知为什么现在世界上有那么多蒙台梭利学校了。在蒙台梭利的时代，脑科学研究的发展水平是不能和现在相比的，但是她却在教育中最早应用了符合大脑发展规律的关键期训练法，她的感-知觉训练也是脑科学的早期实践。

不知家长们是否听到过这样一个由心理学家做的著名实验，虽然从科学上来讲这是个很成功的实验，但在伦理上却实在有些"缺德"。一个心理学家来到一所学校，找到一个班，随意指着这个班里的三个学生，对这个班的老师说，通过我们的科学观测，这三个学生脑子有问题，智力有障碍。然后，他又分别找到这三个学生，对他们说，我们通过观测，证实你们的脑子有问题，智力不好。随后，他又来到另一个

蒙台梭利(1870—1952)：世界著名教育学家，意大利人，早年学医，后从事教育研究和实践，创立了蒙台梭利教育法，是儿童潜能开发的先驱。

班,指着另外三个学生,对这个班的老师说,我们通过科学的观测,发现这三个学生是天才。然后,像在第一个班一样,他又分别找到这三个学生,对他们讲,对他们进行的科学观测的结果表明,他们是天才,只是他们自己还不知道。他这样做完以后就走了。等到学期结束,他又来了。期末考试的结果出现了一个奇迹,第一个班里考试成绩最差的三名学生正是那三个他说脑子有问题的孩子,而这三名学生以前学习成绩可是中等偏上的。另一个班里排在考试成绩前三名的正是他指出的是天才的三个学生,这三名学生也没有想到会有这样的结果,他们的成绩以前在班里只是中等。这时,心理学家告诉他们实验的真实情况。其实他根本没有做什么科学的测试,他完全是**随机**找的这两个班级的学生。他是要看看学生对自己的信心,加上老师对他的信心,对这个学生能起到什么效果。这个实验科学地验证了这样一个道理,要想让一个学生的成绩提高,不仅要让学生自己有信心,要努力,同时老师也要对他有信心才行,而且老师对学生的信心还是相当重要的。说这个实验是个成功的实验,是因为它科学地证明了上述道理,说它"缺德",也是基于同样的道理,那些被心理学家告知脑子笨的孩子,要改变对自己的看法却不是一件容易事了。"这是专家说的,我信专家的。"这个实验对这三个孩子的打击太大了,这也提醒我们千万不要让孩子们受到不良的心理暗示,否则对于他们的成长是十分不利的。

> **随机**:统计学术语,指研究对象的选取不是实验者刻意安排的,这是进行心理学科学实验的一个基本原则。

通过采用科学的教育手段,使普通的看上去并没有什么特殊才能的儿童成长为才华横溢的人才,这在国内外有众多的范例。下面再介绍几个非常成功的例子。

塞德兹博士师从哈佛大学著名心理学家詹姆斯,不仅最早发现了卡尔·威特这一成功范例并推荐给世界,而且从中汲取了宝贵的经验。以心理学知识为指导,他也将自己的儿子成功地培养成享誉全球的天才。他的儿子威廉·詹姆斯·塞德兹,11岁便以优异的成绩考入哈佛大学,

15岁获得博士学位。塞德兹的教育思想与老威特的教育理念和方法是相似的。他的基本观点是，天才还是俗物，与其说是由先天的遗传、禀赋等因素所决定，倒不如说是由后天的环境影响和教育等因素所决定的。塞德兹博士在谈到他的儿子的才能时，这样说道："小塞德兹并不是上帝心情愉快时所偶然创造出的神童，而是人间的某种教育所必然形成的天才。"他还进一步罗列了在同一个家庭接受同样的教育而出现好几个天才的事例，巴尔年龄很小就进入了哈佛大学，他15岁的姐姐莉娜也进入了一所著名的女子大学，他俩的妹妹玛丽安和弟弟德洛夫也在只有14岁和12岁的时候进入了大学。这不是偶然的现象，因为偶然现象不可能有这么多，这从概率上是讲不通的，只有一个正确的解释，那就是这正是某种符合了人类儿童天才成长的教育方法的结果。

我们还可以举出M. S. 斯特娜这一范例。

20世纪初，美国召开了一次国内的世界语大会。会上，斯特娜夫人5岁的女儿和年过70的著名语言学家马库罗斯教授一起用世界语做了会话表演，参会者为之赞叹不已。而这只是她女儿的才能的表现之一。在斯特娜夫人的独特教育下，她的女儿在3岁时就可以创作诗歌，4岁时能用世界语搞创作，5岁时可以用8国语言讲话。斯特娜夫人用了什么样的教育方法使其女儿在这样小的年龄就取得惊人的成绩，引起了人们的关注呢？按斯特娜夫人的说法，她的教育方法受到了卡尔·威特的影响，她的方法和老威特的方法可以说在原则上是差不多的。当然她也有独特的地方，应该说是在老威特的基础上有了进一步的发展。斯特娜认为教育不应在学校由教师开始，而应在家庭里由母亲开始。她在总结她的教育方法时提到，她注重给女儿创造愉快的生长环境，她对女儿的教育都是采用游戏的方式进行的。她认为要想教育好孩子，首先需要真正地理解孩子。斯特娜夫人特别提到，她从一些关于早期教育成功的例子中发现，那些大音乐家、美术家、文学家、科学家的诞生，都离不开早期接受的合理教育。

上面我们举的这些成功的事例，有一个共同的地方，那就是他们的教育方法或方式符合了孩子自然成长的需要，或者说科学地开发了人脑的潜力。每位成功的教育者都有各自独到的地方，这正是教育的艺术性的体现，但是他们的施教原则却是完全一致的，这正是开发潜能的科学所在。

2. 遗传和环境

教育在人才的成长中的作用正在被科学的事实不断证实，为了进一步深入探讨这方面的内容，我们还需要进一步了解人的智能与遗传和环境的关系。

在这一方面，人们进行了很多研究，一些人认为遗传起着很大的作用，其中最有代表性的人物是英国人高尔顿。他对几百名有成就的人和一些普通人进行了比较性的研究，结果发现名人的**家系**比普通人的家系往往更容易出现名人。根据这个结果，他认为天才的出现有着很强的遗传性。不过，这个结论不免过于武断了些，因为名人的家庭出现更多的名人有很多社会、文化以及经济条件方面的因素。很明显，名人的孩子比普通人家的孩子更有机会获得优良的教育，名人的孩子比普通人家的孩子在社会上有更多的成功的机会。但是这些因素在高尔顿的研究中并没有被排除。因此，很多学者不同意高尔顿的观点，人们找出很多相反的例子证明环境对智力的影响不亚于遗传对智力的影响。

有个叫霍伍捷克的人，曾和助手一起研究了252名儿童，在这些儿童6～18岁期间，先后测定了14次智力，结果发现，多数儿童的智商都有变化，有的变化还很大，变化幅度可以达到30分以上。这个结果清楚地表明，儿童所处的环境对于他们的智能起了相当大的作用。

苏联神经心理学家鲁利亚曾用**双生子**进行过研究，他发现，在幼儿

家系：按血缘关系记录下来的亲属关系图谱。

时期，**异卵双生子**的语言记忆力的差异是**同卵双生子**的两倍多，而异卵双生子的视觉形象记忆力的差别是同卵双生子的三倍多。异卵双生子比同卵双生子的差别大表明的是遗传的作用，然而，两类双生子的这种在语言和形象记忆方面的差别到了小学阶段就逐渐越变越小了。这表明，随着幼儿的成长和与环境的不断接触，环境对智能发展的作用也就越来越明显，越来越居于主要地位了。

这些是从追踪调查和对照实验的角度来进行的科学观察，事实上，如果您细心观察的话，您会在自己同事和朋友的周围发现很多环境与智力相关的例子。比如说我们很容易就能找到父母的智能与子女的智能不相近的情况。有的家庭，父母都是高级知识分子，智能很高，但是子女却学业平平，甚至还有低于一般同龄同学的情况；与此相反，有的家庭，父母都没有什么文化，然而子女中却不乏大学毕业生、硕士研究生和博士研究生。这些都反映出智能不受遗传制约的一面。现代科学研究表明，智能与遗传的确有密切的联系，但同时也与环境因素有着更加不可分割的关联。

对于绝大多数人来说，由遗传造成的人的智能上的差别很小，而这个很小的差别与人们能够达到的成就的水平来比，完全可以忽略掉。那么究竟是什么造成了人们之间在事业和成就上的明显差异呢？正是后来的教育和自己努力的结果。

对于绝大多数正常人来说，关于遗传和环境与脑的功能的关系问题，我们可以用计算机做一个比喻。事实上，人的大脑的功能在相当程度上确实就像是一台特殊的高效能的计算机。在这个形象的比喻中，遗传可以决定的是脑的硬件部分，环境则可以决定在这个硬件的前提下都包含哪些软件，其中当然包括了各种各样的应用软件。我们现在看到对于人们的工作和学习来说，计算机在硬件上的差别几乎可以忽略，而人们更关心的却是各种各样越来越复杂和完备的计算机软件了。正是这种

双生子：即双胞胎。双胞胎有两种情况，一种是同卵的，即由同一个卵细胞发育而成；另一种是异卵的，即由两个不同的卵细胞发育而成。前者叫同卵双生子，后者叫异卵双生子。

软件上的差别,才使得使用者得以完成不同的工作,创造不同的业绩。

3. 脑的潜力到底有多大?

人类逐渐演化至今,历经沧桑,随着历史长河的漫游,创造了无数的文明和奇迹。随之而来的是一个令人深思的问题:人类究竟可以有多大的能力?

看看我们的周围,人们的差异随处可见。就拿语言学习来说,虽然大多数人一辈子只说一种语言,但是有的人却可以说几种甚至十几种语言,差别似乎只在于你是不是认真地去学语言了。再拿计算来说,一般人心算两位数乘法大概很少能在一两秒钟内完成,但是那些经过了训练的人却可以和电脑比运算速度,差别虽大却也可以用有没有经过训练来解释。

两万年前人类的大脑和我们现在的结构已经没有什么区别,但是人类的文明却是在近四千年内创造出来的。人类大脑的潜能似乎刚刚得到了发挥,还有多少潜能没有被发掘出来?对这个问题实在是很难给予准确的回答。因为随着科学的进步,脑科学研究技术的发展,人们对自身大脑这个神秘的器官的认识也在不断地深入,发现人脑可以开发的内容越来越多,对人脑的能量的估计也越来越大。

对人脑比较容易计算的一种估量方法是分析它的记忆容量,从中我们可以观察人脑巨大潜能的一斑。人脑具有庞大的记忆容量,若将其用信息的单位——**比特**,来进行测量,那么,人脑每秒钟就能接受10亿比特的信息,当然,这些信息不会都被记住,但即使只有百分之一的信息被保留下来,人在一生中所能记忆的信息量也高达一京比特。一京有多少呢?它是100亿的100万倍。用个形象的比喻,人脑的信息容量要比国家图书馆还大上百倍。

然而,对于人脑的这种巨大的潜能,我们却远远没有充分利用。

我们来看看下面的表1-1:

比特:以二进制式规定的信息计算单位,即一个0.1的信息单位。

表 1-1　科学家对大脑潜能的估计

时间	人名	大脑使用的部分	尚未开发的部分
20世纪初期	詹姆斯	10%	90%
20世纪中期	米德	6%	94%
20世纪后期	奥托	4%	96%

从上面这个表格可以看出一个有趣的现象，那就是随着科学的进步、社会的发展，科学家们估计的大脑潜能也越来越大。

人脑的潜能是非常巨大的，开发大脑实在是大有可为，前景无限。

说到这里，读者可能要问，大脑为什么会有这样大的潜能呢？答案是：脑之所以有那么大的潜能，主要在于它的可塑性。

要把这个问题搞清楚，我们首先需要了解脑的可塑性是由什么决定的。组成人脑的主要功能细胞是神经细胞，一提到可塑性，人们会很自然地想到这种细胞的**再生**。而实际情况正好相反，神经细胞与躯体的其他细胞有一个很大的不同之处，恰恰是它们不能再生。神经细胞不能再生，那么为何会具有可塑性呢？原来神经细胞与其他细胞还有一个极大的差别，就是它们是靠相互联结、形成复杂的网络来工作的（这种联结并不是真的接触到一起，我们在讲脑的组织和结构的部分会做详细的说明）。人脑的神经细胞有一百多亿个，每个细胞都可以和其他细胞建立很多联结，这些联结是神经网络的基础。

> 再生：指新的个体的产生，不是复活。

可以想象，人脑中可以形成的神经网络是无数的，从简单到复杂，什么样的都可能存在。而这种网络的形成就与单个神经细胞能不能再生关系不大了。正是神经网络才使得我们得以应付各种变化的环境，人脑的可塑性正是由神经网络决定的。大脑之所以可塑，说到底就是因为神经网络是可以改变的，而且它的变数极多，也就是说可塑性极强。

我们先来看个实际的例子：

我们知道，大脑分为左半球和右半球，左半球负责右半身的感觉和

认知：指人脑接收、加工和处理各种信息的过程。

运动，右半球负责左半身的感觉和运动。更为重要的是人的各种**认知**机能在大脑两个半球中各有不同的侧重。言语活动主要由左脑负责，视-空间性的活动，还有形象性的认知操作过程，比如看地图、画画等，则主要由右脑掌管。有一种外科手术，是将一侧大脑半球完全切掉。也许我们会想，那怎么行，少了一半大脑的人还会像正常人一样生活和工作吗？可是现实中我们见到的又是什么呢？

这些年来我们收集了共二十多例因手术切除了大脑一侧半球的病人，出乎人们的意料，其中还有人考上了大学，学有所成。对这二十来位只有半个大脑的病人，我们做过系统的测评，其中相当一部分人确实可以和正常人一样思维和行动，测评的结果显示，他们大脑的许多认知功能是正常的。这些人的现实生活和行为表现证明，只有一半大脑的人仍然可以完成各种各样的复杂的智能活动，其原因就在于大脑的可塑性使一个半球代偿了整个大脑的认知机能。当然其中也有一些有障碍的人，不过障碍是可以克服的，关键是要找对了教育和训练的方法。这些人只有一半大脑，教育要针对他们的大脑的实际情况进行，不能用传统的方法，只要方式找对了，大脑的机能是完全可以代偿的。

图1-1是一个经过我们教育训练而获得成功的只有半个大脑的孩子的CT片。可以看到，他的大脑中有一半是空的，他的情况是一个很好的实例。

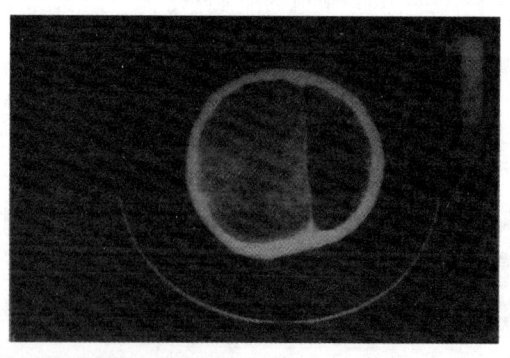

图1-1：CT片中右侧深色的部分是被切除后的大脑。

这个孩子在小时候患有**癫痫**，一侧肢体经常抽搐。为了减少抽搐、缓解病情，医生切除了他的左侧大脑半球。他在手术前因为癫痫不断发作，没有能够上学，手术后又给切掉了一个脑半球。人们自然对他的脑功能有了看法，普通学校没有收他，家长想当然地把他送进了特殊教育学校。在特殊教育学校，他表现不错，老师虽然觉得他好像智力还可以，但一想到他只有一半大脑，也自然地把他当作智障生进行教育。大脑只有一半对脑的机能是有一些影响，不过他不像人们想象的是言语机能，而是在数学方面有一些特别的困难，有了这些困难，学校更加相信他的智力不行了。这样，他就在特殊教育学校待了整整十一年。离开学校时，他的言语和其他方面的机能虽然和正常人差不多，但是计算能力还是不行。家长很担心，怕他以后的生存出问题，因为如果连数钱都不会，那将来还能从事什么工作呢？

这样，他的家长向我们提出了提高孩子计算能力的要求。我们在经过对他的脑半球和认知机能的详细测定后，找到了关键的环节，问题并不是计算机能本身，而是**短时记忆**空间有问题。针对关键的环节，设计了相应的训练方案，经过近一年的训练，短时记忆从原来只有3位扩大到10位。结果，奇迹出现了，他完全可以心算两位数乘法，而原来困扰着家长和老师的数钱问题也没有任何障碍了。这说明，只要找对了环节，只有一半大脑半球的人也可以获得正常人的各种机能，这也说明脑的可塑性是极强的。

脑的巨大潜力和它的可塑性还引出了一个与我们以前的想象有些出入的概念。以前我们凭一般的推理认为，大脑这么复杂，作为它的基本单元的神经细胞自然就是其中的关键了，脑的复杂就在于神经细胞的复杂。换句话说，因为有了复杂的神经细胞，所以有了复杂的大脑。我们甚至想到拿神经细胞和电脑相比，而提出神经细胞应该比电脑要复杂得多的说法。

癫痫：一种比较常见的神经系统疾病，多以不自主、无意识的抽搐为主要临床表现。

短时记忆：又称操作记忆或工作记忆，是指信息一次呈现后，保持时间在1分钟之内的记忆。

然而实际情况并非如此，从现在大量的研究来看，对于大脑可以完成的复杂任务来说，神经细胞本身的复杂性并不那么重要，换句话说，神经细胞本身并没有那么复杂，最重要的是神经细胞之间的联系，这种联系才是大脑能够完成这么多不可思议的任务的根源。譬如就像分辨香蕉和大蒜的气味这样的简单的事情，我们也需要动用600万个脑细胞。这个现象至少提示我们，单个脑细胞并不太重要，也不会多么复杂，重要的是它们之间的联系和配合。

社会性生物：
指以群体生活为特征的生物，比如蚂蚁、蜜蜂、狼，以及许多灵长类动物。

行为生态学：
研究动物行为与生态环境之间的关系的一门科学。

为理解这个道理，我们可以拿**社会性生物**的群集性智力做个比喻。**行为生态学家**对社会性生物为什么一定要形成大规模的群体非常感兴趣，并进行了深入的研究。比如说蚂蚁，它们的生存都是群体性的。它们以群体的方式觅食和生活。研究发现，单个蚂蚁的行为是十分简单的，但是成千上万的蚂蚁的简单行为却创造了不可思议的生存现实，它们可以非常有效地发现食物，搬运超过它们自身重量数以百倍的食物。它们工作的效率让我们人类感到非常惊讶，而且通过向它们学习，不少跨国大企业找到了解决运输难题的钥匙。

比如美国西南航空公司在2000年时货运业务遇到了麻烦，尽管飞机平均只用了7%的货舱空间，但有些机场却没有足够的空间来容纳计划装载量的货物，工人们还要花费大量时间把货物搬来搬去才能解决运输的问题。最后，这一难题居然通过对蚂蚁的觅食行为的仔细研究而找到了答案。研究人员发现群集的蚂蚁凭借一些简单的行为规则，总能够找到效率更高的食物搬运路线。将蚂蚁的规则和策略运用于公司货物运输业务后，货物的转运率降低了80%之多，搬运工人的工作量减少了20%，西南航空公司因此减少了货物储存设施，降低了成本，每年能从中获利1 000多万美元。

蚂蚁告诉了人们什么呢？单个蚂蚁的智能很低，行为十分简单，可是一旦形成了群体，你就不能小看它们了。蚂蚁之间通过行为上的联系进行合作，开始了数以千万计的简单行为的互动。每一个互动非常简单，这也就是我们前面说的，单个蚂蚁行为凭借的是十分简单的规则：每只蚂蚁只是跟踪另一只蚂蚁留下的痕迹。然而正是这种大规模的简单行为的群体效应，却能让蚂蚁的群体从接近食物的无数条可能的路线中找出最短的路线。

通过观察蚂蚁的觅食行为，西南航空公司的研究人员终于领悟到，当载有货物的飞机并不是直飞目的地时，没有必要把货物搬下来换到别的飞机上，留在原处比搬来搬去的效果更好。比如说，如果现在有一批货物要从芝加哥运往波士顿，但没有直飞的飞机，载有货物的飞机是先从芝加哥飞往亚特兰大，然后再飞往波士顿。过去的做法是把飞机上的货物卸下来，再装到下一班开往波士顿的飞机上。这种做法看似聪明，实则既费时又费力。现在看来，实际上可以把这批货物留在原来的飞机上不动，这样既省时又省力，效率还更高。

这就是从蚂蚁的简单行为学得来的道理。蚂蚁的这种群集智慧是经过了漫长的生物演化才形成的，是自然选择的适者生存的智慧规则，我们的大脑的复杂性和可塑性似乎也遵循着类似的规则。

神经细胞的基本活动也很简单，只有两种，不是兴奋就是抑制。但是人类的大脑正是通过大量的神经细胞的这种简单的兴奋和抑制活动，以及在这个基础上的广泛联系和配合，才使我们人类有了复杂的思想和各种各样的认知活动。单个神经细胞的活动是简单的。单个细胞的活动本身并不能构成心理活动，而正是这种单个细胞的简单活动的巨大数量的群集性过程，导致了人类的心理现象的发生。

同样，也是基于大量神经细胞的组织的网络，我们的大脑才具有高度可塑性，使我们得以适应这个复杂的社会，同时也为开发大脑提供了科学的依据。

从多元智能的观点来看脑的可塑性

脑的潜能问题还涉及一个近年来出现的新的理论或观念,即人类的多元智能理论。这个观念改变了以往对人的能力的看法,大大开阔了我们的眼界。

1983年,美国哈佛大学的发展心理学家加德纳教授依据实验心理、心理测量、特殊教育、儿童发展以及神经心理等多方面的大量研究资料,特别是通过神经心理学关于脑与心理的关系的许多临床研究,提出了令世人震惊的观点,即我们人类的智力不是单一性的,而是多方面的或是多元化的。

这个多元性至少包括了以下七个方面:①逻辑-数学智力,指的是人的逻辑推理和运用数字以及计算的能力;②语言智力,指的是人对语言的感知和表达能力;③空间智力,指人对空间事物的认知和操作的能力;④音乐智力,指人对音乐的感知和表达能力;⑤人际智力,指人对人们之间的关系的认知、对他人情绪的感知和理解,以及由此做出适当反应的能力;⑥躯体-运动智力,指人对躯体活动和运动技能的掌握和运用能力;⑦内省智力,指人对自我行为和情绪的认知和调整的能力。人的智力是这七个方面的复合体,因此对于一个人的智力是比较难进行评估的。

一个人在某一方面有问题不一定就是智力不高,他很可能在另一方面还很优秀呢。比如说,有的人在言语表达能力方面有些问题,不善言辞,表述技能差,但具有极强的逻辑推理和数学技能。数学家陈景润就是一个很好的例子,他的高度发达的逻辑和数学能力使他能够解决哥德巴赫猜想这样的难题,成为世人公认的数学天才,但却因言语表达技能不高而讲不好中学的课程。达尔文在记忆力方面有些问题,所以什么事情都要用笔记下来,但这并不妨碍他创立生物进化论,成为一位伟大的科学家。这些是比较特殊的人物,但是在现实生活中我们也都见到过很多虽然不像这些著名的人物那样突出,但性质上却差不多的类似的智力发展不平衡的事例。这类事例的大量存在表明,我们的智力的七个方面并不是平行发展的,人总有他最擅长的地方和某一个方面的不足,但并不表明他的智力就有了问题。

值得我们特别注意的是:我们每个人出生时都具有这七个方面智能的潜力,只是我们后天所受的教育和各种环境限制了这些能力的发展。而我们现在要做的正是把这些潜能发挥出来。

怎么做?
——重新认识、了解你的孩子

> 既然我们的大脑具有这么大的潜力,而且这巨大的潜力正有待您的开发,那么我们就开始着手做吧,机会难得,时不可待。

1. 重新认识、了解你的孩子,对你的孩子树立起信心,相信他一定会在你的教育下成功。

我们先来做个填空练习。

想一想:你的孩子在_____方面明显地比别的孩子强,在_____方面好像也很不错。在这两个方面表扬他,夸奖他,给他更多的机会表现自己。

想一想:你的孩子对_____很有兴趣,他好像还喜欢_____。给他更多的时间做这两方面的事情,如果可能的话,和他一起来做一做。让他的兴趣充分发挥出来。也许他的潜力会让你大吃一惊，你需要重新认识他呢！

2. 找出你在教育孩子上的思想定位，看一看你的想法对不对？

现在，让我们思考一下，在下面的那条线段上，依据你对孩子的教育情况，可从遗传和环境两者的作用上，给自己的观念和实际做法划出一个形象的定位来。即：你所做出的努力如何？你认为你在对你的孩子的智能的发展方面的观念是什么？你认为遗传和环境哪个更重要？在实际生活和教育活动中，你是怎样操作的？

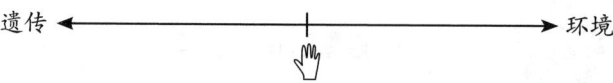

如果你对自己的定位偏于遗传，那么你就需要改变一下观念了。这很可能说明在教育孩子方面你还没有做出足够的努力，你在潜意识里可能觉得教育起不到什么作用，也许你觉得，孩子的智能如何，从出生那一刻起就已经基本决定了，后来的努力并不能改变什么。这种想法是错误的，赶快转变一下，给孩子提供更多更好的发展环境吧！

相信你所做出的努力是值得的，遗传决定的仅仅是脑子的硬件，而对于孩子最有意义的却是脑的认知机能，是大脑的软件，这些软件只有在良好的环境下才能得到充分发展。在良好的环境下，你的孩子会成才的。

第二章

脑的功能构筑及其与教育的关系

 **脑科学提要：**

- 人脑有 130 多亿个神经元
- 神经元之间借助突触可以形成各式各样的复杂的神经网络，神经网络的变数极大，这正是大脑可塑性的基础
- 人类的大脑具有极其复杂的解剖结构和功能构筑
- 大脑有四个主要的脑叶：额叶、颞叶、顶叶和枕叶

  额叶负责计划、组织、运动和言语表达

  颞叶负责听觉信息的处理

  顶叶负责躯体感知和各种感知觉的联合

  枕叶负责视觉信息的处理
- 四大脑叶发育成熟的顺序是：枕叶—顶叶—颞叶—额叶
- 人类的各种认知功能分别由不同的脑叶和脑区主管

1. 为什么要讲脑的功能构筑？

在这一部分里，我们要介绍一些关于大脑的基本结构和功能的知识，谈一谈我们现在了解到的关于神经细胞和脑的组织结构、大脑的分工和基本的**功能构筑**。

> **功能构筑**：指人的大脑在各种心理活动中形成的复杂的功能系统。

讲这些做什么？家长和教师可能会这样问。我们需要了解这些吗？我们关心的只是如何挖掘孩子大脑的潜能，仅此而已。正是为了让家长能够真正掌握教育和训练孩子的科学手段，真正让孩子的大脑发展起来，所以才应该多了解我们的大脑。

要知道，了解大脑是科学地开发大脑的前提。想一想，如果你不清楚脑是怎样构成的就开发大脑，就不可能清楚脑的哪个部位受益了，哪个部位开发了，那不就成了无的放矢了吗？这可以用体育训练做个比喻。科学的体育训练绝不是盲目的锻炼，而是很清楚训练的是哪个部位，甚至是哪组肌肉群。只有这样，才能培育出合格的运动员。现在的健身运动也是这样，使用哪种训练器械，必须很清楚锻炼的是哪些部位，不然就会出现问题。

对于大脑更应该如此，只是由于大脑结构太复杂，我们不太容易像了解身体结构那样地了解大脑，加上脑科学知识的普及率不够，人们往往忽略了对大脑的了解。随着脑科学的进展，我们已经可以在大脑开发的时候比较明确地知道我们在做些什么了，因此了解大脑也就进入了议事日程，成了科学开发大脑的第一步。

2. 脑的基本组织结构

就像人体的其他器官一样，脑这个器官的基本构成单位也是细胞。构成人脑的细胞可以分为两大类，一类就是建构我们的大脑并使其产生神奇作用的功能性细胞，信息处理就是由这类细胞进行的，我们管它们叫作神经细胞；另一类是维系神经细胞的活动并且为它们提供营养和支持作用的细胞，我们管它们叫作胶质细胞。

神经细胞还有个更专业的名字——神经元（见图2-1）。之所以叫作神经元，是为了把有功能作用的神经细胞与负责支持和营养作用的其他细胞区分开来。作为人脑信息处理的基本功能单位，神经元具有一些独特的构造，它的细胞体上长有一些突起，这些突起分为两种，突起数量比较多，个头比较小的，叫作树突；比较长，也比较粗大的，叫作轴

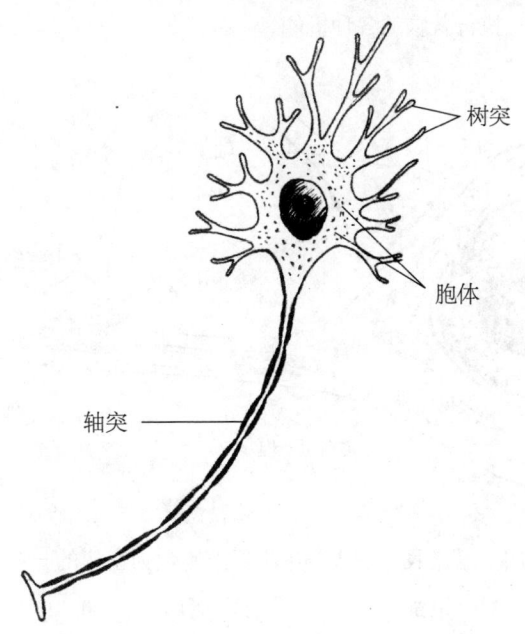

图2-1：神经元

突。这些突起与信息传导密切关联，树突是负责接收信息的，轴突则是负责传出信息的。一个神经元就是由神经细胞的胞体和长在它上面的树突和轴突构成的。

神经元与神经元之间是互相联系的，但是它们之间的联系方式却很有特色，它们并不是实实在在地互相接触在一起，它们之间是以一种**电化学的方式**通过一个极细微的空隙相互连接的。神经元之间的这种特殊的联系方式叫作突触（见图2-2）。一个神经细胞可以从别的细胞接受多达成千个突触的输入。而这些输入到达神经细胞的部位在树突、胞体和轴突上的分布又各不相同，从而对该神经细胞产生的影响也不相同。一个神经元输入的神经信息在时间和空间上呈现一种复杂多变的形式，也正是人类脑功能活动的多样性的基础。神经元对输入的信息具有在时间上和空间上进行总合的机能。它每时每刻对位于细胞不同部位的突触输入进行加工处理，从而决定其输出的强弱，这个过程也叫作整合作用。正是通过这种整合作用，亿万个神经元在大脑中夜以继日地处理着无数的信息，执行着脑的各种机能。

> **电化学的方式**：指生物电活动与化学物质的变化结合在一起的反应方式。

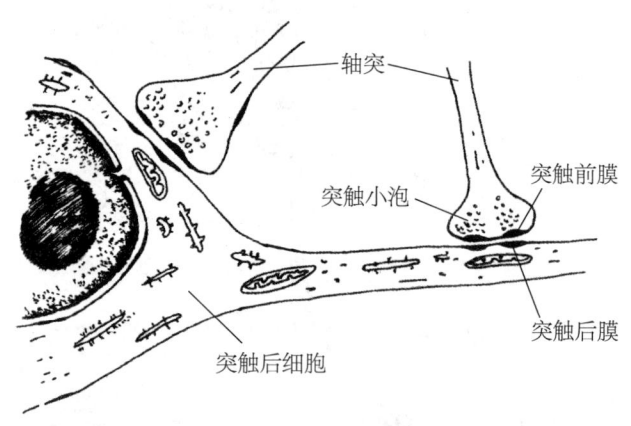

图2-2：突触

大脑皮层 这是我们的大脑中神经细胞最为密集的一个地方，是与我们人类的智慧密不可分的部位。它是我们大脑上的一层薄薄的物质，覆盖了我们人类大脑的全部表面,厚度各处不一,平均厚度为2.5毫米,总重量约为600克,占整个大脑重量的40%。它有一个突出的特点,就是上面有很多很多的褶皱,这些褶皱的形成是大脑皮层面积增大的结果。这就好像是将一张很大的纸揉成一个纸团一样。表面上看,大脑皮层好像没有多大,但若将其展开,把褶皱铺平,面积可达2200平方厘米(见图2-3)。这其中,1/3露于表面,另有2/3位于褶皱里面。这些褶皱在大脑的表面上形成了深浅不等的沟,较深的沟则叫作裂。沟裂间的隆起部分称作脑回。人类大脑表面上的沟回很多,这是人脑很重要的一个特征。一般来说,沟回的多少与智能的高低有密切的关系。沟回越多,智能也越高。

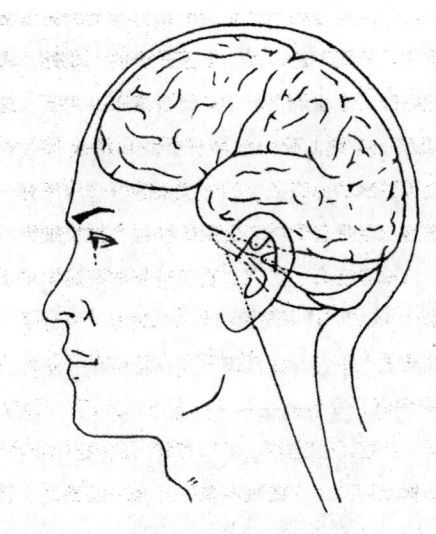

图2-3:大脑的表面

血脑屏障 这是大脑的保护系统,同时也是给大脑提供营养时的一个不可忽略的重要环节,因此我们需要对它有所了解。

我们的大脑对血液的需求很大,脑的重量虽然只占体重的1/50,但脑的血液供应量却占到全身所需的1/5。这是因为脑本身几乎没有储存物质的能力,脑活动时需要的大量能量只能高度依赖于稳定而丰富的血液供应。但是我们的脑子又是一个很敏感的器官,有害的物质很容易就能使它受到破坏,而我们每天吃的和喝的东西里面有不少对大脑不利的东西,这些东西很快就进入了血液,可是我们的大脑却安然无恙。这是由于我们的大脑有一种自我保护机制,这种保护机制就叫作血脑屏障。

什么是血脑屏障呢?这要从我们脑和脊髓的毛细血管的构造说起。脑和脊髓的毛细血管的构造与机体其他器官的毛细血管不一样。在其他组织器官上,由内皮细胞构成的毛细血管的血管壁上有张开的小孔;另外,内皮细胞与内皮细胞相连接的地方还有缝隙。这样,毛细血管里面的物质就会通过这些缝隙和小孔渗出,内皮细胞自身也会吞噬血液中的物质,并对这些物质进行运输,或是将它们吸收到血管里,或是把它们排放到血管以外。

但是脑和脊髓的毛细血管上的内皮细胞的小孔却与其他部位的不同,它们不是开放的,而是闭合的,此外,内皮细胞与内皮细胞之间的细胞膜还互相融合,没有什么缝隙。还有,这里的内皮细胞也不像其他部位的毛细血管那样具有吞噬和排放血液中的物质的功能。最后,在脑和脊髓的毛细血管的内皮细胞的外侧还有一层膜,这层膜被神经胶质细胞(就是我们前面提到的神经支持性细胞)的突起包围着。这些特殊的构造有什么功能呢?它使得物质在这里难于自由交换,使大脑对于物质有了选择性,不是什么物质都可以进来,只有那些经过选择的物质才能进入脑内,让大脑只吸收那些符合条件的特定的物质,并和不需要的物质进行交换,所以它实际上起到了一种保护大脑的作用。上述这些在脑和脊髓处的内皮细胞的特殊构造以及相关的特定结构就被称为"血脑屏障",它就像一道在血液和脑之间的护栏,形成了我们大脑的警卫系统。

血脑屏障对于我们的大脑的安全是很重要的,它可以有效地防止许多有害物质进入我们的大脑。不过,它并不是对所有的有害物质都可以抵御，比如说酒精就可以很顺利地通过血脑屏障。为什么我们喝了酒马上就有点上头的感觉，那就是酒精通过了血脑屏障对大脑起了作用的结果。还有一些毒品也可以轻易穿过血脑屏障。所以我们不能因为有了血脑屏障就放心了。对于那些对脑子有害的物质始终是要多加防备的。

事物都是一分为二的，血脑屏障虽然可以保护我们的大脑，但同时它的存在也在一定程度上制约着大脑对于血液中的物质的利用。如果你研究出了一种对于大脑很有好处或对于某种脑病很有效的药物，你首先要考虑的就是这种药物是否能够通过血脑屏障进入大脑。否则，再好的药物过不了脑的门卫这一关也是没有用处的。保健品也是一样的道理，现在市面上各种脑保健品很多，建议你在选择的时候，一定要看看它是否可以通过血脑屏障，如果无法通过，对大脑的作用就无法发挥了。

脑的可塑性　我们讲脑的组成，就是要看看有哪些内容和开发大脑有关。这里就涉及神经细胞发育的科学事实，以及大脑的可塑性问题。

神经细胞是人体细胞的一种，同其他细胞一样，它也有一个从小到大、生老病死的过程。但是它有一个与其他细胞不同的地方，就是它的胞体不能再生。它不像其他细胞，死一个可以再补一个，细胞的总数保持不变。神经细胞没有这种填补的机能。我们人类的大脑大约有130亿个神经元，这个数量在我们出生时就已经基本达到了，而在出生后的一两个月内就基本上固定下来，以后也不再增长了。需要注意的是，我们这里所说的是被称作神经元的神经细胞，而不是指脑子里存在的所有的细胞，也就是说不包括那些负责支持神经元细胞功能活动的胶质细胞。与神经元细胞不同，胶质细胞是可以再生的。

神经元不能再生，这似乎不是一件好事情，但事情并不这样悲观，因为尽管神经细胞不能再生，但是它上面的突起可以再生，而且特别重要的是，这些突起总在进行互相连接的活动。正是这种活动，才使神经细胞之间建立起各种联系，使神经系统成为一个机能活动系统。粗看起来，神经细胞具有不可再生性，似乎与脑的可塑性有一定的矛盾。但是实际上，它并不会影响大脑机能的可塑能力。

事实上，脑的机能并不取决于脑细胞的绝对数量，而是与脑细胞之间建立起来的网络的复杂性密切相关。而脑的网络形成的物质基础是突触，突触是具有强大的可增长性的。所以可塑性指的不是神经细胞的再生，而是指由于突触的再生而造就的神经网络的巨大潜力。

神经网络是脑的功能系统的框架，正是神经网络的强大的可塑性，才使得人类的各种高级心理活动以多层次、按系统运作的复杂方式和谐地进行，并造成了人脑的功能的千差万别，人的能力也才表现出不同的类型。所以要深入谈论人脑的可塑性，我们就要讲讲人脑的复杂的机能系统。首先，我们要了解一下人脑是怎样分工的。

3. 大脑是怎样分工的？

我们的大脑分为左右两个半球，每个半球又分为四个主要的脑叶（见图2-4），即位于前部的额叶、位于后部的枕叶、位于中上部的顶叶和位于中下部的颞叶。

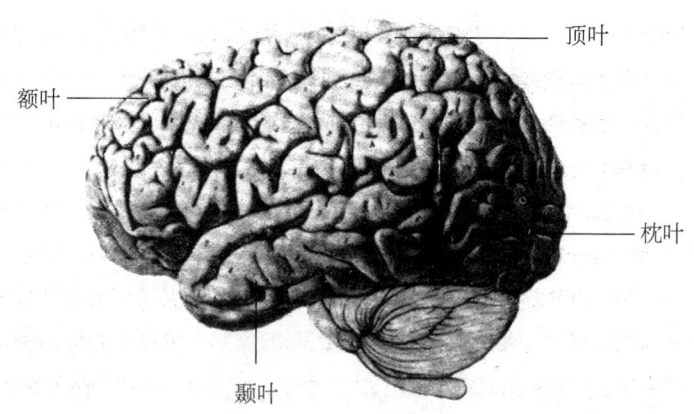

图2-4：大脑的外侧面和各个脑叶

大脑的左右半球各有不同的机能，每侧半球的各个脑叶也有不同的分工。这是大脑在漫长的生物演化历程中逐渐发展形成的机能分化，只有如此才能保证大脑最有效地接收、加工和处理外界的各种信息，在复杂的环境中生存和发展。

大脑左右半球的差异是一个专门的话题，它对我们开发大脑有着特别的意义，我们在后面要详细地专门讨论。这里我们先来看一下半球上的各个脑叶的不同机能。

枕叶负责的是视觉信息的处理，我们眼睛所接受到的各种视觉信息都是在这里进行加工处理的。

颞叶负责处理和听觉有关的各种信息。但一个很有趣的现象是，我们听话的部位和说话的部位不在一起。它们在大脑皮层上是分开的。负责说话的部位不在颞叶上，而在额叶上。

顶叶与躯体感觉相关联，同时还负责各种感觉之间的联系活动，比如听觉和视觉的联合活动，躯体感觉、听觉和视觉的联合活动等。人类大脑的顶叶发展得很突出，特别是顶后区。这个区域正是掌管各种感觉相互联系的部分，同时它也是处理多种复杂信息（包括语义内容）的重要部位。

额叶与躯体运动功能相关联，当我们让肢体按照我们的想法运动时，这个发出指令的功能区就在额叶上。在我们人类的左侧额叶上还有一个负责非常重要的高级机能的区域，那就是负责人的说话机能的区域。此外，我们人类和动物界的其他种类有一个很大的差别，就是我们人类是高度社会化的，我们的行为是有组织、有计划的，我们人类创造了高度的文明。这其中的计划和组织机能也是由额叶来完成的。从脑的结构演化上来看，额叶只是在人类的大脑中才发达起来。额叶的发达与人类特有的言语、社会以及相应的复杂机能有密切关系。

由于额叶是这样重要的一个部位，国际科学界就把脑科学的十年规划中的重点研究内容定为额叶的机能。当然，对于额叶的机能我们还了解得不够多，有待于进一步的研究与开发。

对于额叶的机能，我们可以来看一下历史上的一个著名的病案。1848年9月13日，在新英格兰某铁路工地，一个名叫菲尼亚斯大·盖奇的25岁的工人正在用一根一米多长的铁棒工作。突然，意外发生了，炸药提前爆炸，巨大的冲力将他手中的铁棒从他的左颧骨下方穿入头部，然后又从头顶飞出，落到他身后二十几米的地方。盖奇的头被这根铁棒打出了一个洞，然而令人惊奇的是，他居然没有失去知觉，并且奇迹般地活了下来。在医生的治疗下，10个星期以后，盖奇就出院了。没多久，在体力恢复之后，他重新开始工作了。但是，更为奇怪的事情发生了。人们发现，盖奇变了一个人。虽然他仍然可以和人说话，走路和运动也没有什么异常，但是在性格和行为上却让人几乎认不出来了。事故发生以前，盖奇是一个公认的模范市民，在工作中是一个非常有能力、有效率的领班。他思维敏捷、头脑灵活，对人很友善、很和气，行为举止彬彬有礼。但是现在他却一反常态，变得十分粗俗无礼，对事情没有耐心，顽固、任性，而且变化无常，办事优柔寡断。原来他做事情有条有理，十分有计划，可现在却好像无法计划和安排自己将要干什么事情了。由于这些行为上的原因，他已无法胜任原来的工作，便在一家出租马车行工作。后来他的健康状况恶化，伴发癫痫，于1860年去世。

盖奇是一个在历史上记录下来的脑损伤的奇特病例，检查发现，他的脑部被损害的部位主要是前额叶。现在盖奇的颅骨和那根穿透他的颅骨的铁棒还存放在哈佛大学医学院的展室里（见下页图2-5，2-6），神经心理学家们仍在继续进行着研究。作为一个典型，盖奇这个病例清楚地表明了大脑额叶与人格的关系。

医学史上还有一件事情也可以说明我们的额叶与人格和行为的关系，那就是**脑白质**切除术。

脑白质：大脑的物质构成分为灰质和白质。灰质是神经细胞集中的地方，从解剖上看颜色发灰发暗，所以叫灰质。白质是神经纤维汇集的地方，在解剖上看颜色发白发亮，所以叫白质。

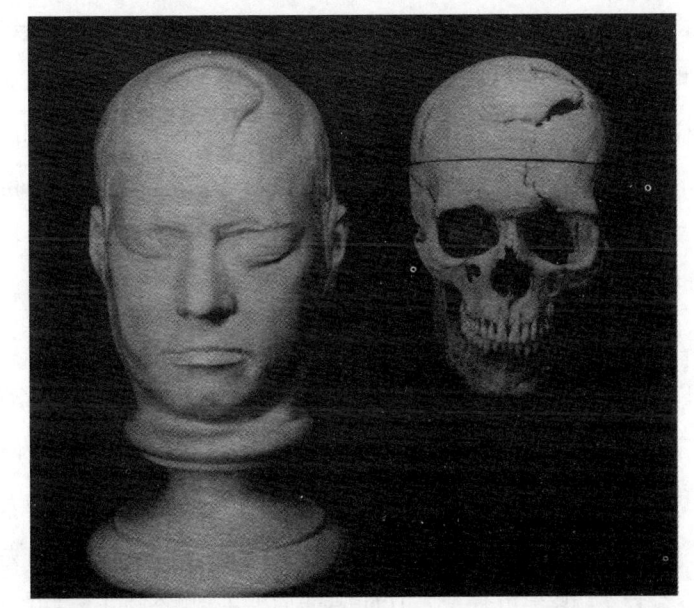

图2-5：盖奇的头骨

图2-6：穿透盖奇头骨的铁棒

　　脑白质切除术是由葡萄牙医生埃加斯·莫尼斯发明的，这是一种切除连接额叶和其他脑区之间的联络纤维的手术方法，这种手术曾被用来治疗一些药物治疗无效的顽固的精神病患者，特别是为了矫治他们的破坏性和反社会行为。手术确有效果，术后病人的侵犯行为大减，这引起人们的极大兴趣，曾被认为是用手术的方法治疗精神病的重大成就。但是很快人们就不再乐观了，因为虽然病人的冲动性和侵犯性行为受到了扼制，但是同时在另一方面出现了问题。这些病人完全变成了另外一个人，他们不再对任何事物有任何兴趣，没有意志力，没有计划，生活无

第二章　脑的功能构筑及其与教育的关系

持续性行为：
指反反复复地做一些简单的动作，且不会随情况的变化而改变。

目的，对未来没有想法，很多人变得十分顽固，同时伴有严重的**持续性行为**和强迫性动作，比如没完没了地重复做一件简单的事情，如果让他画一棵树，他就会一棵接着一棵，没完没了地画下去。因此，可想而知这样的人是无法回归社会的，无法完成工作，无法适应生活环境。由于这些严重的后果，这种手术不久就被禁止了。脑白质切除术的兴衰揭示了额叶与人格及行为的密切关系，这个关系是脑科学的一个重要课题，有关这些方面的研究目前还在不断地深入。

以上只是一些非常笼统的划分，对于人类的各种复杂的机能活动，科学家们已积累了很多的数据和资料，揭示出人脑更为复杂的机能分布。我们还需要知道一个重要的知识，就是我们这里谈的大脑的四大脑叶（额、顶、颞、枕）在发育成熟的时间上并不是同步的，而是有先有后。了解这个顺序很重要，它可以指导我们先开发哪个脑叶，先开发哪种脑机能，因为人为地开发大脑要顺应脑的自然发展过程。

四大脑叶的成熟顺序是：最先成熟的是枕叶，接下来是顶叶，然后是颞叶，最后是额叶。额叶的成熟包括两部分，一部分是运动皮层，主要支配和协调肢体运动的机能，这部分的发育比较早；一部分是前额叶皮层，它涉及人的计划、组织和自我控制等最为复杂的机能，这部分的成熟最晚，它的主要发展阶段是在孩子长到十几岁以后。

我们了解了大脑的功能分区，就有了开发大脑的科学依据。开发各种不同的认知功能，实际上就是在开发大脑的不同脑叶，以及不同的功能代表区。比如说训练视觉机能就是在开发脑的枕叶，训练听觉机能就是在开发大脑的颞叶，训练体感就是在开发大脑的顶叶，训练言语机能就是在开发位于额叶和颞叶的相应的语言区，训练计划机能就是在开发额叶。

为了更有科学性地指导我们的开发训练，我们还需要进一步了解脑的功能系统，也就是下面要谈的三位一体的脑和三大功能区理论。

4. 三位一体的脑

根据脑的结构、皮质类型和作用的不同，科学家提出了人脑的三位一体学说，即我们的脑有三个部分：古脑，也叫作爬行脑；旧脑，也叫作哺乳脑；最后一个是新脑，就是我们现在总爱谈的智能的核心——大脑的新皮层。这三个脑一个套着一个，在进化的阶梯上一个比一个晚地分化出来，在形态上，后来者把前者包盖起来，并且更为重要的是，一个管着一个，即后来的管着它前面的。

爬行脑 在这个三位一体的模型中，位于最底部的是一个状似爬行动物的结构，它是爬行动物就已全部具备了的脑的结构，人们形象地把它称作爬行脑，学者则称它为R-复合体。

爬行脑的主要部分就是脑干，它主要负责我们人类的非随意性行为。所谓非随意性行为，指的是那些不受我们思想制约的那些自动化的生理性的活动，比如调节心跳和呼吸等维持生命活动的基本功能。除此以外，爬行脑在人类的本能性的身体反应中也起着重要作用。比如，当两个朋友相见时，一定会下意识地微笑；又如，当人们激烈的争论时，随着语言的升级，还会伴随一系列身体动作，这些都是不由思想控制的属于爬行脑掌管的非随意活动。

哺乳脑 在爬行脑的上面，趴伏着另一群虽然没有爬行脑古老，但同样也不年轻的脑组织，它的结构有些类似老鼠的大脑结构，由于这一部分脑是哺乳动物所共有的，所以我们形象地称它为哺乳脑。

哺乳脑的功能比较复杂，它是繁殖的控制器，同时掌管吃喝的节律。另外，它更是情绪的发起中心和操纵平台，控制着我们人类的复杂的情绪和情感活动。哺乳脑与爬行脑一样，它所掌管的那些功能不受我们思想的随意控制。当人遇到危急的情况而使身心处于紧张的状态，当人们受到惊吓而产生恐惧反应，以及当人们遇到了自己喜爱的人而一见钟情，此外还有人类的各种各样的微妙的情感波动，都是我们无法清楚地由思维来控制和理性地进行调节的过程，所有这些过程的生物学基础正是哺乳脑的功能活动。

新皮层 在哺乳脑的上面，发展出了人类引以为豪的脑组织——大脑的新皮层。

从进化上看，人类的大脑皮层包含几种不同的成分。在种系演化上，最早出现的皮质是嗅觉性的，主要的功能是调节内脏的活动，这种皮质在鱼类中就已出现，叫作古皮质。从爬行类开始，非嗅觉性的新皮质出现了，在以后的进化过程中，新皮质的面积不断增加，发展十分迅速。到了哺乳类，特别是高等哺乳类，新皮质已占据了完全的主导地位。在人类的大脑上，新皮质占了全部皮质的96%。古皮质只剩下很小的部分，并被挤到脑的底部及卷入脑的内面。不过，我们可不能小看这比例不大的古皮质，它的作用和影响并不小，搞不好是要出问题的，许多行为问题的根源就是不了解和控制不好这个古皮质。

新皮层是人类进行思维的部分，它负责人类的各种高级认知机能，言语、记忆、判断、推理、计划、组织以及各种有意行为都是主要由这个新皮层来掌管的。新皮层是一个理性的器官，它通过分析和综合各种信息，做出符合社会规范的行为指令。

新皮层的另一个非常重要的特点就是它对于在它下面的脑组织的控制机能。由于它是在其他两个"脑组织"，即爬行脑和哺乳脑的基础上发展出来的，所以它对于它的前身有一种调控的作用，这样我们的行为才可以行得通。比如说，当你看到一盘你很喜欢吃的水果时，你的较原始的脑组织——爬行脑和哺乳脑——会驱动你产生吃那盘水果的冲动，但是你的新皮层会告诉你：不行，那盘水果是别人的，不属于你，你不应该动。这样，你的那种冲动就会被新皮层理智地控制住，从而不至于让你做出违反社会公德的行为。从这个意义上说，我们的新皮层正是人类社会和文化的产物。

5. 脑的三大基本功能区

苏联神经心理学家鲁利亚博士根据脑的结构与机能之间的联系，通过大量的临床研究和实验室实验，将人的大脑分为三个主要的系统，或基本的功能区。

第一基本功能区指的是位于大脑中心的部分，这个部分掌管人的觉醒状态，负责人的注意活动。

第二基本功能区指的是人类大脑皮层上在**中央沟**和**外侧裂**之后的部分，包括顶叶、颞叶和枕叶。我们知道，顶叶负责人的躯体感觉和触觉，枕叶接收来自视觉的信息，颞叶掌管人的听觉活动。所以第二基本功能区是一个接受视、听、触和躯体感觉信息的场所。在这个基本功能区中，大脑皮层还有一个按解剖和功能的分化程度不同而形成的三级组织，即感知觉初级区、感知觉二级区和感知觉输入系统的三级区。这种三级组织不论是在枕叶、颞叶还是顶叶都存在，且一级比一级高级，功能也越来越复杂。感知觉初级区负责的是感觉的形成，感知觉二级区负责的是知觉的形成，感知觉三级区负责的则是复杂的与语义相关的信息的处理。

第三基本功能区位于中央沟和外侧裂以前的部分，即额叶。这部分脑皮层具有运动发放的机能，大脑的运动皮层就在这个区内，它也是人类最晚进化出来，同时也发展最为迅速的部分。它的其他机能就和我们人类的社会化功能以及组织、计划和控制等高级心理功能连在一起了。在这个基本功能区中，同第二基本功能区一样，也有一个按解剖和功能的分化程度不同而形成的三级组织结构，即额叶的运动初级区、运动二级区和负责计划、组织和控制机能的额叶三级区，同样，这三个区也是

中央沟：大脑半球外侧面上的一个重要的脑沟，它将额叶和后面的顶叶分开。

外侧裂：大脑半球外侧面上的一个重要的脑裂，它将颞叶和额叶、顶叶分开。

一级比一级高级，越来越复杂。

三大基本功能区是如何工作的呢？

第一基本功能区提供了认知和心理活动的操作背景，它调动着人的注意力；

第二基本功能区接受各种信息并将其联系起来，是形成我们的感觉和知觉的场所，并在感知觉的基础上，完成对各种事物的认知，比如对言语信息的理解；

第三基本功能区负责人的反应活动，并对脑的各部分活动进行统合，它依据第二基本功能区的信息处理结果，进行规划和组织，完成人对于各种事物的反应活动。

现在我们以家长叫孩子关上电视机，上床睡觉这个简单的日常活动为例，来说明人脑的三大基本功能区是如何共同工作的。首先是第一基本功能区的活动，它用来调节孩子的注意力，使他关注某件事情。"哟，好像有人在叫我，像是妈妈的声音。"一旦这个信息进入这个人的意识，它就被引导到相应的接受区域，即第二基本功能区域。在这个区域，这个信息转换成有意义的信号被送至大脑皮层的相应部分，也就是颞叶的听觉性言语信息处理中心。这个中心首先接收这个信息，然后再从收听到的听觉信号中将它分离和整理出来，形成意义："妈妈是在叫我，她还说了什么呢？"在有意识的指引下，听觉性言语中心继续对信息进行分析和组织，从而形成有意义的内容。"噢，让我关上电视机，到睡觉的时间了？""妈妈在说'快十点了，明天还要上学。'"当大脑工作到这个阶段时，第三基本功能区开始评价这些信息的意义，并考虑是否要有下一步的行动了。"现在是不早了，我要听妈妈的话。"于是，他就会关上电视机，准备睡觉了。这个简单的例子说明，人的认知和行动的正常进行是一个系统化的活动，这个系统化的活动是在大脑的三个功能区互相配合下才能完成的。

从上面的介绍，我们清楚了大脑是在有系统地进行着各种认知和智能活动。我们训练大脑、开发大脑也正是在训练这样一个系统，使我们的大脑更加有效地工作。

另外，这里还有一个重要的内容，就是三大基本功能区的成熟期是不一样的，这就涉及下面我们要讲的关键期了。我们将会看到人的智能的发育是与脑的三大基本功能区的发育相吻合的，而开发大脑也要与脑发育的阶段相一致。

怎么做？
——针对脑的不同部位的开发训练

脑的不同部位具有不同的功能，对于大脑的有效开发就需要针对不同的脑部位进行有的放矢的训练，这是一个较高的科学的起点。以往我们可能都没有注意到这方面的要求，现在有了这方面的知识，我们就要结合这一单元介绍的大脑的结构与机能的关系，思考一下，如何科学地、有针对性地制订开发孩子脑功能的训练计划。

思考一下你的孩子在视觉、听觉和触觉等感知领域的发育情况，它们的机能状态反映了大脑的相应部位，即枕叶、颞叶和顶叶的发展状况。运动机能如何，运动控制怎么样，言语表达能力如何，这些是最基本的额叶机能。还要观察一下孩子的各种感知的联合活动，它们提示了大脑皮层各脑叶及其联系的发展程度。及时发现可能的发育上的延迟有助于进行有针对性的训练。

现在来检查一下你的孩子在下面几方面能力的发展情况：

*视觉和听觉的发展如何？

*言语理解和表达与同龄孩子一样吗？

*走、跑，还有平衡机能怎么样？

如果你发现你的孩子在上述几方面有落后于其他同龄孩子的情况，比如反应有些迟缓，那么可以进行下面两项训练。

1. 视觉反应训练

眼-手距训练 所谓眼-手距指的是从看到视觉刺激物（比如游戏中要捕捉的东西）到做出反应（比如伸出手去抓握那个东西）的时间。这种训练可以自己根据孩子的兴趣而随意设计，只要能引起孩子的兴趣，适合孩子能力发展的阶段就行，不一定局限于使用固定的模式。

2. 听觉反应训练

听-手距训练 所谓听-手距，和眼-手距是十分类似的，不同的是：不是看到视觉刺激物，而是听到声音刺激物。同眼-手距的训练一样，这种训练也不一定要局限于什么模式，随孩子的兴趣灵活而定。

> 我们应当按照三位一体的脑的模式进行情商的早期开发。
>
> 三位一体的脑模式告诉我们,一个发育成熟的人应该能够有效地调控自己的情绪,并使行为符合社会规范。这种能力有一个发育上的阶段性,所以家长和老师应随时注意孩子的情绪发展,及早发现问题,并予以训练。
>
> 从脑的结构与功能的关系来说,情商的早期开发就是培育他的大脑皮层对哺乳脑和爬行脑的控制机能。这个控制机能如果没有发育好,会严重影响孩子以后的社会适应机能,也就是会导致情商低。

在进行情商的早期开发时,要注意以下两点:

1. 挫折教育

在孩子的日常生活和学习中,要注意发现他的错误和不如别人的情况,及时地指出来,这样就会使孩子从小在实践中学会接受挫折。

对待孩子的成绩,不要总盯着满分不放,只要他尽力了,付出了自己的努力,就可以了。让他有一种心理准备,正确地认识自己,允许别人比自己强。

2. 意志训练

在孩子的日常生活中,不要总是顺着他,要让他学会在自己不愿意的情况下也能够执行指令。

第三章

关键期

 **脑科学提要：**

- 关键期的存在得到了行为生态学方面的证明
- 认识关键期是脑功能开发的重要出发点
- 人类认知活动的主要关键期大多集中在学前期
- 脑的发育历程与人的智能发展阶段是互相吻合的
- 关键期的利用正是有效开发大脑潜能的核心
- 如何利用小学阶段的关键期：促进脑的第二大基本功能区的发展
- 如何利用中学和大学阶段的关键期：促进脑的第三大基本功能区的发展

我们的大脑有那么巨大的潜力，为什么这些潜力没有得到发挥呢？为什么我们也做了不少努力，却业绩平平？为什么大脑的机能似乎总是不能使我们满意呢？一个十分重要的原因就是我们错过了大脑发展的关键时期。大脑的那些潜能只有在关键时期才能得到最有效的发掘，机会错过了就很难再找回来了。

1. 什么是关键期？

我们先来搞清楚什么是关键期吧。

我们来看下页的照片（图3-1）。图中有个老人在水里，后面跟着一群小鹅。看得出来，小鹅与这个老人关系可不一般，它们把他当成了妈妈，他走到哪里，它们就跟到哪里。这是怎么回事？原来，这个老人是著名的行为生态学家，他进行了一个著名的实验，在这些小鹅刚出生的时候，没有让鹅妈妈与它们在一起，而是他本人替代了鹅妈妈，出现在这些小鹅眼前，导致小鹅把他当成了妈妈。这个实验说明小鹅有个认亲的关键时期，这个时期就在它刚出生的时候。在这个时期里，它们会把第一个出现在眼前的运动着的物体当成亲人。一旦错过了这个时期，它们与同样的运动着的物体就根本不可能形成这种关系了。这个老人还因为这个著名的研究获得了诺贝尔奖。与小鹅相同的情况在其他多种动物身上也都得到了证实。比如，小鸡出生13~16小时后也有与小鹅类似的表现；小羊出生后几天内没有待在妈妈身边，以后就不再合群，而是喜欢乱跑；小鸟出生后几周若不在鸟群里生活，以后将永远不能唱出动听的歌了。其他的动物，如小狗、幼鼠等，也都有这种行为学习上的关键期。

图3-1：洛伦兹发现的"印记-关键期"效应

那么人类是不是也有这种关键期呢？答案是十分肯定的。

我们大概都知道"狼孩"的事情。"狼孩"的故事就是关键期的最好证明。所谓"狼孩"，就是出生后在早期阶段不幸被动物，比如狼或是其他动物，叼去后哺养长大的人类儿童。一个特别的现象是，这些不幸的人类儿童在回到人类社会后，虽然经过人们不断的教育和训练，但最终仍旧不能恢复正常的人类的社会功能。20世纪20年代，一个英国人在印度发现了两个由狼抚养大的女孩，这两个女孩的生活习性与野生动物的习性一样。其中的一个在离开狼穴后不到一年，由于不适应而死去了。另一个在人们的精心哺养下成功地活到17岁。在这个"狼孩"重新回到人类社会后，人们想方设法地恢复她的智力和人性，包括教她说话。她在刚被发现的时候是不会任何人类语言的，让人们失望的是，在进行了长达4年之久的教育训练以后，她只能听懂几句简单的话，总共学会了6个单词。又过了3年，她的词汇量增加到45个，也会说几句不流利的话了。但是直到她死的时候，她的智力仍旧停留在相当于4岁正常儿童的水平。这就是错过了关键期的结果。

目前世界上已经发现了三十多个由动物抚养长大的悲惨的"野孩"。这些孩子没有一个在回到人类社会之后变成完全正常的人，他们的大脑功能和相应的智力水平远远落后于同龄人。

我们在临床上见过这样一个现实中的病例。有一对农家父母带着他们的儿子来医院看病。儿子已经27岁了，身体十分健壮，发育得相当好。从身体上看不出有什么问题。但是他的举止和表情，却显现出与他的年龄很不相符的地方。他蜷缩在屋子的角落里，一双大大的眼睛里闪动着恐惧的目光。更令人惊讶的是，通过详细的智能和神经心理学测评，我们发现这名成年男子的智力只与5岁儿童相仿，但是他与智能低下的人又完全不同，不仅脑的影像学检查没有任何异常发现，而且特别重要的是，我们用一些非结构性的功能性测定手段对他的大脑进行检查，比如**心理相关电位（P300）**以及脑电图和脑地形图，结果全部是和正常人完全一样的数据。

那么是什么原因造成了这位发育健全的男子智能这样差呢？原来，其中有一个本不该发生的令人十分遗憾的故事。这名男子在5岁以前完全是一个正常的孩子。他在出生时没有任何异常，1岁时就已会走路和说话，在以后的几年中，也没有发生任何脑部的损伤和其他严重的疾患。村里人都说这孩子聪明可爱。可是就在5岁那年，有一天，他在和一群孩子玩耍的时候，不慎失足跌入粪坑。虽然这件事本身并没有给他造成窒息或其他生理性的脑部损害，但却因掉入粪坑这一事实给这孩子造成了一种令人意想不到的与同伴继续交往的障碍，使他陷入了一种难以同人相处的境地。同村的孩子见了他就叫他"臭孩""粪坑里爬出来的"。这个孩子胆子小，内向，受不了这些。父母看到这种情况更不忍心，就不让他与别的孩子一起玩了，整天在家里和父母在一起，自然少了很多与人交流的基本社会技能。上小学以后，他仍旧生活在被其他孩子欺负的环境之中，没过多久，家长又把他接回到家里，不上学了。一

心理相关电位（P300）：人在进行各种心理活动时，会在头皮的表面形成脑电，这就叫作心理相关电位。P300就是其中的一种，它指的是在心理事件发生后300毫秒左右计算机记录到的相关脑电位变化。

晃几年过去了，他年龄大了，上一年级又怕人家笑话，还有那件事的阴影仍旧没有消失，上学更困难了。因此，在不知不觉中，很多年过去了，他只是同父母一起在地里干活。他家是在山区，在这种情况下，他几乎没有任何与同龄人相处的机会，当然更提不到接受正规的教育了。他的父母没有文化，也不知如何教他，更忽略了对他的教育。就这样，这个孩子在这种基本上与世隔离的情况下长大了。

这种情况在一定程度上类似我们前面提到的"狼孩"的状况，只不过他是在一种人为的隔离状态下生活的。这种隔离使他失去了发展的机会，错过了关键期，限制了他的智能的发育，使其智能停留在学前，甚至有了退化，这也就是他的大脑的硬件结构虽然基本上和同龄正常人一样，但是智能却与5岁左右的孩子相仿的原因。更为不幸的是，由于他错过了智能发育的几个学前和学龄阶段的关键期，即便通过后来的大力弥补，他的智能也很难达到正常人的水平。他在我们的医院住了几个月，我们对他进行了多项强化的训练，虽然在智能上有了一些提高，但是比起其他人的训练结果，还是差了很多。特别是他对于复杂语句的理解和表达、基本的数学能力和抽象推理能力，进展都不大，造成这种状态的最为重要的原因就是他错过了培育这几个能力的关键期。

关键期，顾名思义指的就是时间上的重要时段。幼儿大脑功能的发展不是一条平稳的直线，在不同的时期，脑的发育呈现不同的过程，有不同的表现，有时快，有时慢。与这种情况相对应的，幼儿各种认知机能的获得，比如言语、知觉、注意、智能，也表现出与不同的时间阶段相关联的发展模式。

关键期不是绝对的，而是相对的。这表现在两个方面：首先，对于脑的不同的机能，关键期是不一样的；其次，不同的人的关键期也有不小的差别。因此，在谈关键期的时候，我们要注意是针对哪一种机能的关键期；在应用关键期的概念对脑的机能进行培育时，还要注意应该因人而异，切不可雷同，千篇一律。

关键期指的是脑的发育的重要阶段。在谈这些重要阶段的同时，我们还需要了解一下大脑发育是从什么时候开始的，在脑的发育过程中我们应该注意些什么。

孩子大脑细胞的发育一般是在母亲怀孕三周后就开始了，而且比身体其他部位的细胞生长得快。胎儿期是脑细胞不断生长并分化和迁移到脑中不同部位的阶段，在这个阶段，大脑确定了它的未来的框架和功能。脑细胞的**激增**从怀孕后的第三个月开始，一直持续到出生后一周岁以前。同脑细胞迅速增长相配合的，脑中的另一类细胞——神经胶质细胞——也开始形成和生长。神经胶质细胞给神经细胞提供营养，并且将神经细胞黏合在一起。胎儿期奠定了我们的大脑结构，为出生后的各种生理和心理活动构建了硬件设施。这一时期的重要性不言自明，孕妇们应该注意良好的营养，避免接触各种有害物质；同时还要意识到保持良好的情绪的重要性。因为有研究发现，怀孕期间孕妇受过惊吓或经常生气，甚至工作或生活压力过大，都可能使胎儿的大脑发育不正常。情绪紧张会使母体释放一些化学物质，这些化学物质通过母体的血液会进入胎儿的循环系统，从而影响胎儿大脑的发育。最近的一项调查发现，患有忧郁症的母亲所生的孩子大脑的活动方式与正常孩子有一些差别，这样的孩子在将来容易情绪低落，并有患忧郁症的危险。虽然有研究表明，大脑在胎儿期受到的不良影响可以在出生后得到一定程度的改善，但最好还是不要让这种情况发生，有一个健康和发育良好的大脑将会给孩子的未来提供重要的保障。

关键期的存在是有脑科学依据的。关键期的出现反映了大脑的不同区域有着不同的发展历程或阶段，这是由于我们的大脑皮层是在不断地特化的。所谓特化，就是越来越专业化，特定的皮层区域负责特定的机能。这些特化的大脑的不同区域是在不同时期成熟的。大脑皮层的各个

激增：指脑细胞的快速和大量增长。

区域不是以同一速度来完成其特化或成熟过程,这是人脑的种系演化和个体演化的共同结果,也是人类适应自然和社会发展的一种表现。这反映了人类生存的生态环境,包括自然和社会两方面,这两个方面对人类行为都有特定的需求。正是在满足这种特定需求的过程中,我们人类得以更有效地适应变化着的自然和社会的环境。

大脑的不同区域有着不同的成熟时间,这一现象现在正不断得到发育神经学的证实,其中包括来自大脑电生理学方面的材料。大脑的电活动揭示,大脑皮层的电活动有某种**周期化的重组**,而这种周期化的重组,反映的正是脑的不同区域的阶段性成熟。

> **周期化的重组**:指大脑的电活动在发展过程中呈现出的一种周期性的重新分配和组合现象。

关键期存在的另一个客观依据还可以从组织学上来说明。这里有一个很有趣的道理:先多后少的"铺路原理"。

我们来看看下面这几张图。

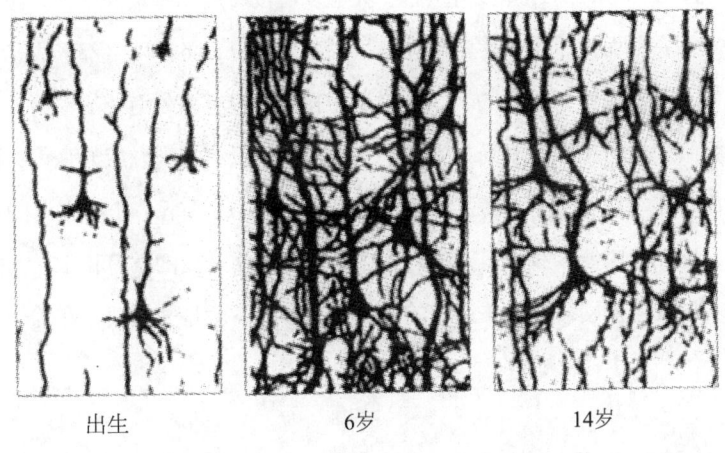

出生　　　　6岁　　　　14岁

图3-2:大脑皮层的突触密度,是证明人类大脑关键期存在的重要的组织学上的依据。

这是在人的三个不同的发育阶段中记录下来的大脑皮层的**突触密度**,也就是形成的神经网络的状况。从这几张图中我们可以很清楚地看到,哪一个阶段神经网络最密呢?不是最初的出生时期,也不是后来的14岁时,而是在中间的6岁的时段。我们也许会觉得奇怪和不解,为什么会是这样?神经网络好像是应该越来越密才对呀?这个"先多后少"

> **突触密度**:即突触数量,指在单位皮质区域里形成的突触个数。

即从出生时比较少，一段时间后多起来，后来又少了的现象。这究竟反映了一个什么规律，说明了一个什么问题呢？

对这个问题我们可以做个比喻，从这个比喻中我们便可以找到问题的答案，理解"先多后少"的奥妙。假若现在下雪了，地上铺满了厚厚的雪，以至于人们根本看不到路。这时在一片空地上，有一些人走了过来，走出了几条不同的路，走过来的人越来越多，路也变得多了起来，但不会越来越多，最后可能只有几条主要的通路最方便或人们最经常走，而其他的路由于走的人越来越少，慢慢地被大雪重新覆盖。随着时间的推移，可以想见，那几条被人们选定的路会越来越清楚地在地上留下路的痕迹，其他路则会变得越来越模糊，最终被覆盖在白雪之下。我们这里看到的三张不同时期的神经网络的情形，就像这个雪天路径形成的情况，两者先多后少的道理是类似的。开始时少，那是自然的，因为孩子才出生，对外界没有接触，大脑皮层没有形成复杂的网络。而在六岁左右的时候，由于生活中大量接触各类信息，各种网络都形成了，其中不乏一些没有必要的、以后对生活和工作没有多大用处的网络。这些网络就像雪中那些不受人重视的路径，由于没有得到以后的强化，自然而然地就弱化了，以后会慢慢地消失掉。最后留下了几条主要的干线，这几条主要干线，是人的必经之路，是非常重要的学习和工作的网络。形成这些网络正是关键期的工作，先多后少就是关键期存在的一个表征。

2. 关键期理念在教育领域中的应用

关键期是一个非常重要的理念，但是在把这个理念有效地应用到具体的教育实践方面，人们做得还是很不够的。这个领域里有着大量可以开拓的内容。

我们先来看看之前的研究者在这个领域里做的研究。最先在教育领域中提出并应用关键期理念的是意大利早期教育专家蒙台梭利。蒙台梭利在自己的教育实践中发现，儿童在某一时期会对某些技能表现得特别敏感，她把这些特异性的时期称作敏感期。这个敏感期实际上就是我们现在谈的关键期。她谈道："就发展而言，在人的一生当中，幼儿期的智能发展最快。这一时期也被称作智力发展的'敏感期'。在'敏感期'内开发智力，其效果是事半功倍的，错过'敏感期'则会事倍功半，甚至会造成永远无法弥补的过错。"她还认为，幼儿智力发展每个阶段的出现都是有次序的和不可逾越的。每个儿童都会以同样的顺序，由低向高地跨越智力发展的各个敏感阶段。在她那个时代，虽然脑科学还不发达，但她已经从教育的实践中发现了关键期的现象，并且在实际教育训练中具体应用了这些理念。这是人类最早在教育中应用关键期理念的活动。

图3-3：蒙台梭利对于关键期在教育中的应用做出了重要的贡献

蒙台梭利主要提出和确定了下述几个敏感期：语言发展的敏感期（6岁以前）、秩序的敏感期（2～4岁）、感官敏感期（6岁以前）、对细微事物感兴趣的敏感期（1.5～4岁）、动作敏感期（6岁以前）、社会规范敏感期（2.5～6岁）、阅读敏感期（4.5～5.5岁）和文化敏感期（6～9岁）。蒙台梭利提出的这些关键期虽然还需要得到科学的证实或一定程度的修正，但是她的早期实践为后来的研究提供了非常宝贵的经验。

在蒙台梭利的开拓性工作的启发下，世界各国的教育工作者对关键期的问题逐渐有了认识并重视起来。随着现代脑科学的进一步发展，有些国家的政府和相关的研究部门也开始重视关键期在教育中的应用。特别是美国，1994年4月，美国总统克林顿专门召开了一次由众多科学家参加的特殊会议，讨论的主题就是儿童发展的关键期，涉及如何应用关键期的知识，以及开展这方面的研究工作对国家和社会所产生的贡献问题。

目前，对于关键期在教育领域中的应用问题的科学研究正在积极地展开，我国在这方面的工作也在迅速地发展，具体的教学实践也在不断地出现。为了更深入地理解和掌握关键期的理论和应用，我们需要进一步了解智能和脑的发展历程，以及两者之间的关系。

3. 智能发展的时间历程

智能发展的时间历程是与关键期直接相关的一个重要的问题。这里我们看到的是，一个人的智能的发展不是一条平稳的直线，而是一条先快后慢的曲线。美国著名心理学家布鲁姆总结了有关的研究资源，得出下列结论：如果以一个人17岁时的智能作为100%，那么，1岁时的智能发展完成了20%，4岁时就达到了智能的一半，即50%，8岁时则完成了80%，13岁时，已经达到了92%。由此可以看出，人的智能的发展主要是在学前期完成的。为什么会是这样？一个重要的原因就是学前期有许多关键期的存在，在关键期内完成的内容是后来成倍的努力也难以补偿的。

　　智能发展的这种早期快、后期慢的过程是个体演化上的必然。如果没有一个早期的快速发展，幼儿不能尽早地学会如何适应变化的环境，那对于人类的生存无疑是一个威胁。事实上，与其他物种相比，人类的早期适应过程已经很长了。这是因为人类需要掌握的技能不是简单的对自然环境的适应，而是一种智能上的对变化着的人文环境的适应。如语言的发展、交往的需求等，都是人类所特有的生存环境。人类社会越发达，这种过程所需要的脑机能越复杂。虽然与其他相近的物种相比，人类幼儿早期脑机能的快速发展过程已经不算短了，但是与人类个体的演化历程相比较，这个阶段还是很有限的。因此，如何用好这个关键的早期阶段也就成为最为重要的课题。

4. 人的智能与大脑发展阶段的吻合

　　了解了智能发展关键期的概念和智能发展先快后慢的速度变化，现在我们再来看看智能的发展和脑的发展有没有一一对应的情况。这可以深化我们对关键期的理解。我们先来看看人类智能发展的历程，有没有一种阶段性的东西。瑞士发展心理学家皮亚杰进行的研究可以说是到目前为止最具有权威性的工作。他通过多年的观察和实验，科学地将人类智能的发展分为四个主要阶段，并描绘出人的智能发展的个体演化过程。

　　人类智能发展的第一个阶段是感知运算阶段，年龄段为从出生到2岁。这是儿童开始进行言语活动以前的阶段。这时儿童主要是通过感觉动作的模式来和外界相互作用，处理主体和客体的关系。这是人类思维的萌芽时期。

第二个阶段是前运算阶段，也称作思维运算的准备时期。年龄段为2～7岁。这一阶段儿童的主要特点是言语机能的迅速发展。这时的儿童不仅有更多的内心思想活动，而且可以通过语言直接与外界产生互动，进行信息交流，这一过程大大促进了思维活动的发展。在语言出现之前，幼儿的思维活动受到了很大的限制，他们由感知运动所认知的事物，基本上属于单一的事物。而语言使同时处理多样事物成为可能，并且可以帮助思维超出自身的范围。

前运算阶段的另一个突出特征是思维的直观性。这时的儿童对外界事物的观察都是同自身的活动联系在一起的，他们是主观的，很难客观地从超越自己本身的角度来看待事物。他们的思维是一种与自身活动联系在一起的具体化的思想过程。比如让他们画一个房子，他们画出来的总是从正面看的平面图，因为对他们来说房子的概念就是从他们本身所处的角度来看的一个平面图。

第三个阶段是形象的具体思维阶段，也叫作具体运算阶段。这个阶段的年龄段为从7岁到12岁，正好包括了小学阶段。这一时期，儿童在大量生活实践的基础上，思维有了突破性的进展。他们已认知到了事物在时间和空间上的连续和规律，懂得了因果关系，从而可以借助具体事物和经验进行思维推理，出现了逻辑思维活动。不过这时的逻辑还是很初步的，也比较简单，一般脱离不开具体事物的束缚。

第四个阶段是逻辑思维或抽象思维阶段，也称作形式运算时期。年龄段为12～15岁。这时的思维活动已不再受制于具体事物的限制，他们已经可以摆脱具体形象事物的束缚，用抽象的符号在头脑中进行演算，通过假设和形式化的推理来得出结论，这已经与成人的抽象思维活动过程基本一致了。

下面，我们再来看看人类大脑功能的发展会不会也有类似的过程呢？如果有，这两种过程之间有哪些相对应的关系？

苏联神经心理学家鲁利亚依据多年的实验观察和临床研究，从发展神经学的角度出发，提出了脑功能发展的神经心理历程这一概念，也称为阶段学说。这个学说丰富了前面提到的脑的三大基本功能区理论，并为如何开发人类的大脑机能提供了重要的理论依据。随着脑科学的发展，这个学说也在不断地增加新的内容，更加充实和完善。

脑功能发展的神经心理历程的主要内容如下：

第一基本功能区的发展：这个阶段主要是从孕期3个月到婴儿12个月。第一基本功能区负责人的警觉和兴奋水平，它提供进行各种心理活动的基本背景。对于一个正常的孩子，这一部分的机能发育得很早，在出生时就已能够正常运行了。这一基本功能区，在它的形成过程中是比较容易受到伤害的，如果在发育时间上有所不足，比如说早产儿，就会出现一些问题。需要特别注意的是，这里所谈的发育期指的是从胚胎形成时开始计算的，而不是从出生的时候才开始算起。举例来说，对于一个6个月的早产儿，由于这个基本功能区发育的时间不够，和一个足月的新生儿相比，很有可能会出现一些注意机能方面的问题。了解这一基本功能区的发育时间历程，对于我们深入认识注意机能的神经心理机制会有很大的帮助。

第二和第三基本功能区中的一级区，即感知觉初级区和额叶运动皮层一级区的发展：这个阶段主要是从孕期3个月到婴儿1岁左右。这个发展阶段从时间和内容上来看，相当于皮亚杰的感知运算阶段。

第二和第三基本功能区中的二级区，即感知觉二级区的发展和额叶运动皮层二级区的发展：这个阶段主要是从孕期3个月到儿童5岁左右。这个发展阶段从时间和内容上来看，包括了部分皮亚杰提出的感知运算阶段和前运算阶段。

第二基本功能区中的三级区，即感知觉输入系统三级区的发展：这个阶段主要是从5岁到12岁。这个发展阶段从时间和内容上来看，相当于皮亚杰的具体运算阶段。

第三基本功能区中的三级区，即负责计划、组织和控制职能的皮质区的发展：这个阶段主要是从12岁到25岁。这个发展阶段从时间和内容上来看，相当于皮亚杰的形式运算阶段。

从上面的对照，可以看出，脑功能发展的神经心理历程和人类智能的个体演化阶段是相互吻合的。这是我们进行脑功能开发的重要的理论基础。

这个理论给了我们三个十分重要的教育方面的提示：

第一，人类在幼儿园阶段的关键期与人脑的第二和第三基本功能区中的一、二级区的发展相吻合，因此在幼儿园阶段对于关键期的具体应用就体现在如何促进和发展人脑的第二和第三基本功能区中的一、二级区。

第二，人类在小学时期的关键期与人脑的第二基本功能区中的第三级区的发展相吻合，因此在小学阶段对于关键期的具体应用体现在如何促进和发展人脑的第二基本功能区中的三级区。

第三，人类在中学和大学阶段的关键期与人脑的第三基本功能区中的第三级区的发展相吻合，因此，对于在中学和大学阶段如何利用关键期的问题就实际体现为如何促进和完善人脑的第三基本功能区中的三级区。

 ## 怎么做？
——关键期的大脑开发

> 利用关键期的理论来训练孩子的大脑，才能做到事半功倍。

1. 首先需要做的就是了解你的孩子处于什么阶段，有没有错过关键期。

2. 然后我们需要制订一个方案，调整教育孩子的方式，使其与脑的三大基本功能区的发育阶段相一致。

可以这样来操作：思考一下，你在教孩子什么？教的内容与孩子的接受程度是否一致？结合这里谈的脑的三大基本功能区的发育阶段，看一看你教的内容是超前了，还是滞后了？

对照下面这些内容，看看符合的有多少，哪些没有做到，哪些做得太超前了，哪些忽略了，哪些需要及时调整。

（1）学前期阶段

这一阶段需重点开发的内容是第二和第三基本功能区的一、二级区。具体来说，需要特别注重的是感、知觉能力和运动机能的开发，最好的办法就是尽量给孩子提供丰富的文化环境，让他不断地接触人、与人说话，给他创造视觉的、听觉的、触觉的以及各种各样的物理环境，让他有机会接触各种文化产品。

（2）小学阶段

这一阶段需重点开发的内容是第二基本功能区的三级区。具体来讲，这时要进行大量的形象具体的思维训练，书面语的学习和掌握是特别重要的方面。从小学起就努力增加孩子的阅读量，鼓励他多读课外书。阅读量的增加，不仅可以启发孩子的思维、扩大知识面，更为高年级的语文学习和作文写作打下良好基础。不过在此还要说明的是，家长的身教重于言传，如果作为家长下班后只是打牌、看电视，那么想要教育出一个热爱读书的孩子是非常困难的事情。

（3）中学阶段

这一阶段需重点开发的内容是第三基本功能区的三级区。具体来讲，需要对孩子的自主学习能力进行重点培养。特别要注重孩子的计划、组织机能，独立地完成提出问题、分析问题和解决问题的能力。比如放寒暑假之前让孩子自己订立假期的学习、生活以及旅游计划，家长予以适当的指导，并进行相应的支持。此阶段孩子的独立思考能力往往会超乎家长和老师的预料。所以家长和老师需要做的就是尽可能给予他们一个广阔的空间，形成孩子所特有的人格个性。此阶段发展较顺利的孩子家长和老师会感觉很"省心"，学习和生活基本不用别人过多督促，这就是孩子的自主能力、计划组织能力在发挥作用。

（4）大学阶段

在大学阶段，第三基本功能区的三级区处于完善阶段，要特别关注社会适应能力的开发。这一时期正是培育大脑额叶对其他部位进行有效调控的时机，换句话说，这时的一个主要教育内容，是训练理智对感情的控制机能，是**情商（EQ）**培育的重要时期。大学阶段不仅是知识的系统和深化的时期，同时也是通过学习和实践了解自己、控制自己、调整自己、理解别人，以及学会合情合理地处理各种社会和人际关系的重要阶段。

情商（EQ）： 即情绪智力，是20世纪90年代美国心理学家塞拉维和梅耶共同提出的心理学概念，主要是指个人对自己的情绪的调节和控制，对他人情绪的认知，以及对人际关系的处理能力。

第四章

左脑和右脑

 **脑科学提要：**

➤ 人类的大脑分为左右两个半球，两个半球在认知和心理功能上有很大的差异

左脑的功能：言语、概念形成、判断和推理、符号运作、计算……用一句话来概括，左脑的功能是继时性的活动过程

右脑的功能：人面、图形、绘画、艺术、韵律、空间感知……用一句话来概括，右脑的功能是同时性的活动过程

左右半球相辅相成，相得益彰

➤ 人类的各种认知和高级心理活动都是在左右两半球的对立统一、相互协同和配合的过程中实现的

➤ 左右脑的分化有一个最明显的外部表征，即人类的利手习惯，利手与脑的关系比较复杂，左利手的习惯要不要改过来需要视情况而定

1. 左脑和右脑有什么不同？

我们人类的大脑分为左右两个半球。左右两半球借助联合纤维相互连接起来。

左半球和右半球如何分工呢？先来看躯体感觉和躯体运动机能。我们的身体是两侧对称的，大脑的左半球支配着身体的右侧部分的感觉和运动，右半球则支配身体左侧部分，形成一种交叉性的支配。大脑的左半球和右半球在形态结构上粗看起来差不多，但是如果细致地观察它，就会发现有一些地方有较明显的差异。

> **颞平面**：大脑颞叶上与言语感知过程密切相关的一个区域。

最明显的是位于颞叶的一个叫作**颞平面**的地方，左边的比右边的大三分之一。这些结构上的不同与机能上的分工是对应的。左脑的颞平面明显大于右边，是同左脑在言语活动方面的优势相一致的。左脑颞平面的位置正是一个与语言机能密切关联的皮层区。（见图4-1）

除了颞平面的差别以外，左右脑的外侧裂（沟）的长短也有明显的不同。左脑的外侧裂又长又深，终点的位置很低，而右脑的外侧裂很短，终点的位置较高（见图4-2）。大脑外侧裂的走向和终点位置的不同与它后面的颞上回的大小不同有密切的关系。有意思的是，这种差别在大猩猩的脑上看不到，而在我们的祖先北京猿人的脑上却可以发现。如果把北京猿人的头盖骨的内部形状用石膏复制下来，我们就可以清楚地看到其外侧裂的走向，和现代人类基本上是一样的。

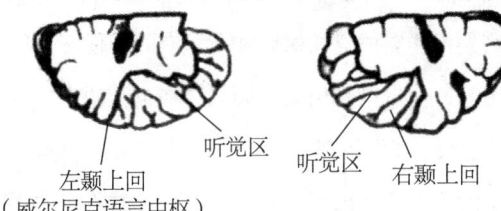

图4-1：左右脑颞平面的差别

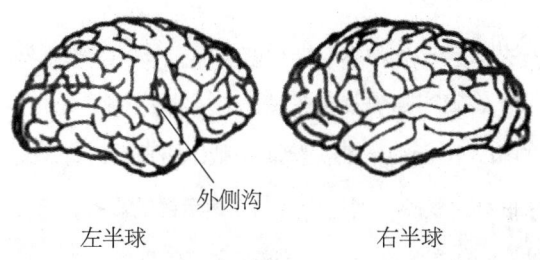

图4-2：左右脑外侧沟的差别

左右脑不仅在结构上有差异，更重要的是它们在高级心理机能上有着不同的分工：一般来说，左脑主要负责言语运动、言语理解、阅读、书写等主要的语言机能，还有数学计算、逻辑推理等抽象的符号思维机能活动。右脑主要负责物体大小、形状等的识别，以及空间定向、看地图、辨识人面、绘画、音乐、艺术、视-空间操作、情绪、直觉、想象和形象思维等机能活动。

对于左右脑在高级心理功能上的差异，最早是从语言上发现的。19世纪，欧洲的神经病学家发现左脑损伤时，病人会出现**言语障碍**，而右脑损伤时，却不会出现言语方面的障碍。从此，人们认为我们的左脑比右脑更为重要，因为它负责说话。但是也不可忽视右脑的功能，因为人们的研究发现，右半球损伤的病人虽然一般不会出现明显的言语障碍，但是会出现空间机能方面的问题，比如不能认识一侧空间。对此有一个专用名称，叫作一侧忽视症。患有这种病的人在看书看报时会出现只能看到其中一半的情况，让他们照着画一朵两侧对称的花，他只能画出一

言语障碍：指失语症，即由脑损伤导致的言语表达和言语理解方面的障碍。

半的花，无法画出另一半。右脑损伤的病人还会出现不能把握空间三维结构的症状，病人不能完成立体拼图作业，有时即使一个很简单的用火柴搭成的三维图案，他也摆不出来，如果你在纸上画个立方体，让他照着画下来，病人也往往画不出来，或是画得非常差，没有立体的感觉。此外，右脑损伤的病人还会出现认不出人，以及看不了地图、无法认路的情况。左脑在言语机能上的优势和右脑在空间机能上的优势可以从脑损伤病人那里清楚地看出来。

左半球和右半球在高级心理功能上的差异通过裂脑实验得到了十分明确的证明。裂脑实验是对那些经手术切断了两脑之间的联系纤维（**胼胝体**等）的病人进行的精细实验。胼胝体切开后，病人大脑的左右半球之间没有了联系。实验者通过一种叫作**速示器**的设备，将文字材料分别投射到病人的左侧或右侧半球上，当这些文字信息投到左侧时，病人可以准确地读出这些字；但是当这些信息投射到右半球时，病人则读不出来。这样，左半球和右半球在文字认读上的差别就表现出来了。（见图4-3）

胼胝体：将两侧大脑半球的皮质连接起来的巨大神经纤维束。

速示器：一种心理实验仪器，它可以快速地将视觉刺激材料按照预先设定的速度，有选择地投射到被试的一侧或两侧视野。

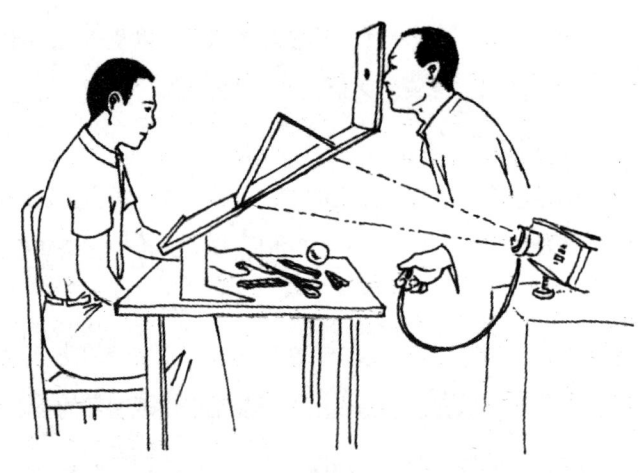

图4-3：裂脑实验

惯用右手的人画画时用右手肯定比用左手画得好，不论是在对物体形状的三维描画上还是对空间方位的把握上，用左右手的差别是很明显的。但是当胼胝体切断以后，病人右手画的画却远远不如左手画的好了。我们知道支配右手的是左脑，支配左手的是右脑。左右手在画图上的差别反映的是右脑在视-空间机能上的优势。（见图4-4）

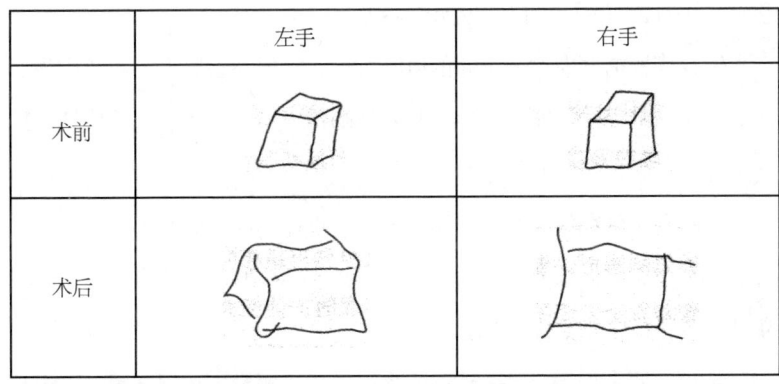

图4-4：裂脑人左右手绘图作业的差别

左右脑的分工是十分重要的，但更为重要的是两个大脑半球的协同配合。

事实上，人的各种复杂的认知活动和智能操作都是以大脑左右半球的相互配合作为基础的。另外，左右脑的分工也不是完完全全一刀切的，人的很多高级机能不是仅由一侧半球来完成的。

就拿语言机能来说，虽然左脑是负责言语活动的，但右脑也不是一点儿作用都没有，我们说话的时候是有情感的，同样的话由于语气、重音的不同，用不同的语调说出来，意思是不一样的。左脑很难辨别出这种差别，而右脑具有这方面的专长。一些右脑损伤的病人，辨别不出语气的差别，听不出说话人的情绪来。（因为"听懂"别人的话，是一个完整的理解过程，语调和语气等情绪方面的感知是必不可少的，由此说明，尽管言语是一个高度分化的脑机能，但也不可能完全交给一个半球来管理。）

人的数学机能也是一样的，虽然数学机能主要也是由左脑掌管的，但离开了右脑也不行。我们知道，数学是一项包含了多种技能、需要多种认知活动参与的复杂过程，逻辑的推理和运算并不是数学的全部，比如说几何问题，特别是立体几何问题，尤其需要人的空间机能的参与。临床研究也发现，有些人右脑损伤后，由于无法把握三维空间中的立体形状，几何方面的问题自然也无法解决。

做几何题需要左右两半球的协同合作，可以从裂脑人的实验中得到证实。在一系列的智能测验中，两名裂脑病人均取得了满意的成绩，只是在解几何题时，显得非常困难。

左脑和右脑在解决几何图形的辨认和推断的问题时有不同的作用。为了进一步研究大脑两半球在解决这类几何问题时的具体作用，实验者又对五名裂脑病人进行了实验。

实验有两个步骤，首先让裂脑人用一只手触摸藏在屏幕后的三个几何体；然后给他们看五个类似的图形，要求他们从中找出最相配的一个图形。比如，当他看到五个大小不同的等边三角形时，他就必须触摸那三个三角形中与之最为匹配的一个。这个问题并不简单，因为那三个三角形中没有一个是与之完全一样的，只有一个三角形的三个边长完全相等，是正确答案。

在这个实验中，左手（右脑）操作比右手（左脑）操作的正确率稍稍高一些。左右手操作的正确率为84%：76%。当问题较困难时，即边数增加，但仍旧还是规则的图形，左手和右手在得分上的差别增大。匹配四边形时，左右差别为70%：54%。匹配再复杂些的，左右差别可增大到82%：45%。最后，当使用曲线（**拓扑学**意义上的）图形，即不规则图形时，左右手分数之差达到了顶峰。右手（左脑）的得分下降到纯随机的水准（33%），左手（右脑）的得分则上升到86%。

这个实验结果表明，左脑在解决一些简单的欧几里得几何学问题（比如三角形）时，很有用武之地，左手右手之间的差别并不明显，这是因为左脑对于寻找一个普通的等腰三角形这样的问题来说，还是很能

拓扑学：数学的一个分支。研究几何图形在连续改变形状时还能保留不变的一些特性。

用得上的。但是当要寻找的图形的形状变得越来越复杂，特别是采用难以用言语表达的不规则的拓扑学形状时，左脑就难以发挥作用了。然而对于这样的图形，右半球却有了用武之地，没有显示出有多大的困难。这不仅反映在选择的正误率上，而且表现在反应的速度上。右脑支配的左手在反应时间上比左脑支配的右手快两倍，而且左脑不仅在反应上慢，还常常伴有犹豫不决、不肯定的迹象。

几何图形的辨认和推断是比较简单的问题，解几何学证明题是较为复杂的事情。这时最需要的是一种图形和言语的转换。几何证明题的解决需要把视觉的理由用言语化的思维方法转化为逻辑的证明。这时，最为重要的是左脑和右脑的信息交流。这也就解释了为什么一些裂脑患者解决不了这样的几何学问题。因为在胼胝体切断的情况下，右脑不能把它对图形的理解和推断传达给左脑，左脑也不能发挥言语思维上的优势，两个脑子只能单独地活动，结果就是难以解决这些几何学问题了。

尽管这是在病理的两个半球分开的情况下出现的困难，但对我们正常的学生而言，却有着相当重要的提示作用。有很多学生学不好几何，其中更不乏有人认定自己是不可能学好几何的。有的家长和教师在经过多次努力之后，也难免有同样的观点。现在就可以澄清这种认识，改变教育方式和训练方案了。那些大脑正常却怎么也学不好几何学的学生，虽然具有完整无损的左脑和右脑以及两脑的正常纤维联系，但是由于各种原因，他（她）们已形成了极其顽强的无论哪种信息对象都采用言语思维的习惯，以至于他（她）们很难去使用右脑，更不易采用两脑协同的方式来解决复杂的问题。

这些研究告诉我们，左脑和右脑之间的信息交流是解决几何问题的关键。

有一些右脑损伤的病人，由于视-空间机能方面的障碍，出现了特殊的**失算症**，即无法做竖式的演算，因为他们不会进位。所以数学机

失算症：指由于脑损伤而造成的计算和数学机能方面的障碍。

能也不是单靠一侧脑来完成的。其他的功能也是一样,偏侧是就程度而言,是一个进化的趋势,但并不是绝对的。

我们人类在现实中进行的各种机能活动,都不是单靠一个半球来完成的。所以开发大脑不能单讲两个半球的差别,更要注重怎样在实际操作中进行两脑的配合和协同。人的大脑两半球的机能之间是对立统一的关系。两者互不相同,又谁也离不开谁,正是由于两个半球的特化才更需要两个半球的配合。有了分工,才更需要配合。

2. 惯用手问题

与大脑左右分化相关的一个重要的现象就是人们的利手,也就是人们的用手习惯。在我们人类当中,大多数人习惯用右手做事,少数人习惯用左手。

手与脑是密切相连的。利手是生物进化过程中的产物,只有人类才有利手的特性。动物,即便是高等的灵长类,也没有"利爪"的特性。利手是作为人类的一种生物进化特性而出现的。

利手习惯可以追溯到久远的古人类时代。根据人类学家的研究,在刀耕火种的石器时代,人类就有了利手习惯。而且那时的利手比例同现在并没有太大的区别。绝大多数人使用右手,约10%的人是左利手。这也反映出利手的生物学本质,表明它不单是一种受文化和社会环境制约的产物。

利手的生物制约性也反映在有些左利手的产生有其神经病理上的原因。有一些左利者在出生时难产,用过产钳,有的出现过窒息,使脑部缺氧,造成一定的损伤。

利手的形成也有遗传上的原因。20世纪20年代,一位美国学者曾在俄亥俄州立大学进行了一项利手与遗传的关系的研究。在被调查的2177名一年级大学生中,如果不问其父母,左利者约为5%;若把父母的利手情况算在内,则情况大不一样。父亲是左利的,子女同为左利的占到9%强;母亲是左利的,子女同为左利的占到13%;父母都是左利的,其子女同为左利的则占到46%。这个结果清楚地提示着利手与遗传的关系。

然而,利手又不单是一个生物学上的现象,它还印刻着社会的痕迹。举个最明显的例子,如果以使用哪只手写字作为一个主要标准来测定一个人是左利还是右利的话,那么我们中国人的利手比例远远低于别的国家,特别是西方国家。我们写字的习惯是学校里老师要求的,在我们大部分小学校里,当孩子开始学写字的时候,用左手写字就被禁止了。所以我们看到有很多人写字时用的是右手,吃饭时便改为左手了。这是我们中国的一个文化特点,它直接影响到手的使用习惯。

不过现在我们国家的这种文化上的制约有了改变,在不少学校,那种强制性的不允许用左手写字的事情已经少多了。还有一些统计数字也很能说明些问题。从1932年到1970年,仅仅几十年间,美国左利手人数的比例竟从2%上升到10%。通过研究发现,正是在这几十年中间,随着科学信息的传播,许多美国人已认识到一个事实,即阻挠自然的用手习惯会产生一些不良的后果,有些人会因此而产生口吃和出现情绪问题。正是在这种社会意识普遍提高的背景下,利手的真实比例也就表现出来了。

在谈了利手的形成因素之后,我们现在进一步来看看利手与脑的特化的一些联系。这里需要澄清一个认识上的问题。由于科学信息传播的不准确和不充分,现在不少人认为,根据神经系统的交叉支配性原则,即左脑和右侧肢体相连,右脑则和左侧肢体相连,既然右利手的人用左脑说话,那么左利手的人就是用右脑说话了。这是完全错误的。实际上,多数左利手的人,像右利手的人一样,也是主要由左脑来掌管言语活动的。只是在左利手的人中,左脑主管言语活动的比例较右利手的人要小。

1）人的利手习惯什么时候出现？

人的用手习惯不是从一生下来就很清楚的，而是随着年龄的增长而越来越明显。利手不仅有种系演化的过程，还存在个体演化的历程：

孩子在1岁左右的时候，你还看不清楚他到底是惯用左手还是右手。一般情况下是两只手都用的，如果你把一个东西放在他面前的正中间，让他去抓，看看他用左手和右手的频率，你会发现，左手和右手的使用是基本上一样多的，没有明显的偏向。

孩子到了2岁左右的时候，用手的偏向有了最初的萌芽。这时如果用上述的测法，你会发现他有一点倾向于使用右手了，当然如果较倾向于使用左手，就可能是左利。不过，这时的偏向也还不很明确。到了三四岁的时候，我们一般就可以分辨他是喜欢用左手还是喜欢用右手了。也就是说只有到了这个时候，左利或是右利才有了明确的分化。

我们人类还存在其他肢体运用上的偏好。一个是脚的使用，也就是习惯以哪一只脚为主，比如踢东西的时候是惯用左脚踢还是惯用右脚踢，这称作利脚。另一个是眼的使用，也就是在看东西的时候，习惯以哪一只眼为主，比如在瞄准的时候，是习惯以左眼来瞄还是右眼来瞄，这称作利眼。

与利手类似，对于利脚的情况，我们可以很容易地就从人们的外在行为中观察到，大多数人是习惯于用右脚的，对于这一点，你可以看一看人们踢球时多数是用哪只脚来踢就行了。对于利眼，就不那么容易了，这需要测验。此外，利手和利眼之间有着比较复杂的联系，研究发现，人群中大约有三分之一的右利者惯以左眼为主来看东西，另有三分之一的左利者惯以右眼为主看东西。

2）左利者比右利者更聪明吗？

有不少人有这种观点，好像惯用左手的人比较聪明，因为至少可以在历史上找到不少名人都是惯用左手的。他们中有艺术家、科学家、运动明星、政治家等。比如画家达·芬奇和毕加索、科学家爱因斯坦、美国总统克林顿（见图4-5）、古巴总统卡斯特罗，还有著名演员梦露和卓别林等，都是左利者。至少是由于这些名人是左利手的原因，人们开始猜测左利手一定会比右利手更聪明。但是科学的研究没有证实这种猜测，从统计上来看，不论是在科学、艺术，还是在工程等方面为人类做出杰出贡献的人，右利者还是多数，这符合人群中左右利的分布规律。

图4-5：利手与成就大小真的相关吗？

有人专门测量过左利和右利者的智商，结果没有发现有什么差别。这说明在智能方面，左右利没有区别。不过，在某些特定方面，左右利还是有差别的。研究发现，左利者较右利者的运动反应速度要快一些，所以左利的运动员往往会取得好成绩。

3）利手与发展性障碍有关系吗？

关于利手与发展性障碍，比如阅读方面的障碍等，有着一定关联的说法，已有七十余年的历史。研究发现，相当一部分患有阅读障碍的人症状的发生与患者学龄早期由左利手被迫转换为右手有一定的联系。对这个问题，我们下面在谈到阅读障碍时还要专门谈。

一些研究还发现，在有发展性障碍的儿童中，左利的比例远比正常儿童高。还有一部分左利者是由于在出生时有一定的困难，比如说胎位不正等，故而用了助产器，造成了一定程度的脑的损伤，因而出现病理性的左利。这种情况也常常会在发展性障碍的儿童中出现。目前，关于利手与发展性障碍的关系的研究正在不断地深入。这个问题比较复杂，现在还没有搞得很清楚，只是从比例上来看左利者偏多，此外在临床上也积累了一定数量的病例。但是对于为什么会出现这样的问题，现在还没有答案。

从神经心理学上来看，利手反映了脑的偏侧化倾向，而发展性障碍的发生正是与脑的这种偏侧化过程有着一定程度的联系。不过，左利者并非一定会出现这方面的问题，只是出现的可能性大一点而已。

4）左利手要不要改过来？

在谈了上面这些利手与人脑的偏侧化机能的关系之后，我们再来谈谈对于左利手要不要改过来的问题。对于这个问题，我们的建议是要分情况而论。主要是看看左利的程度，如果是强左利的话，最好不要改。

什么是强左利呢？就是几乎做所有的事情都是用左手，此外，还有一定的家庭的遗传性，比如说父亲或是母亲也是左利。因为强左利者很有可能大脑的偏侧化过程与右利者有较大的不同，改过来很有可能会造成一定程度的言语机能障碍，比如口语表达不流利，有时还会导致明显的口吃现象。这在临床上已不少见，所以应当引起重视。这是利手的极端的情况，也比较容易做出决定。

如果利手的情况并不是十分清楚，只是存在着偏于一侧的倾向，在这种情况下，改过来适应社会上的习惯也未尝不可。因为我们中国的传统习惯、社会习俗，都是明显地偏向于右利者的。再进一步讲，这不仅在中国，在国际上的大多数国家，偏向于右利者的情况是普遍存在的，只是程度有所不同，这是一个人类文化的问题。

3. 脑开发与脑演化方向的一致性

从现在的研究结果来看，脑功能的一侧化完全是一种进化的表现。如果我们把人类与其他动物的大脑功能进行比较，就会清楚地发现，只有人类才有这种脑功能的明显的偏侧化。而且自从100多万年前人类出现以来，人类大脑的演化趋向也是越来越偏侧化。这是一种自然规律，有它的自然法则上的道理，我们开发大脑要顺应大脑的这种自然发展过程，而不要逆演化潮流而动。

我们应该做的事情是促进大脑的发育和发展，是在脑的自然演化的大方向上进行推动，只有这样才能起到开发大脑的作用。反之，可能会适得其反，如果训练和教育的方向与脑的演化方向不一样，自然会受到来自生物进化方面的强大的阻力，到头来，只会使脑子非但没有开发，还有可能更差了。因为我们人类这一代人的努力未必能抵抗得住来自近百万年来形成的进化的自然历史潮流。科学的重要前提就是要尊重自然规律，而不是违背其自然法则。

怎么做？
——全脑开发训练

> 从脑科学的角度出发，开发大脑应该是全脑开发。什么叫全脑开发呢，就是让左脑更加左脑化，让右脑更加右脑化，这是基本的原则。

目前的教育，各个国家大同小异，都有明显的偏于一侧的情况。这是因为我们还没有应用脑科学的知识。这也正是目前脑科学与教育相结合的一个重要方面。

鉴于教育中偏于一侧的情况，前一段时间，各地开展的强化右脑的训练是必要的。但是不应过偏，也就是不能单讲右脑开发，而是两个半球都要顾及，否则就会矫枉过正。有些地方发展出来了一些让左手和右手同样工作的训练手段，训练的效果有一些争议。从科学的角度来看，这种方法是否真的对大脑功能的开发有好处，还是有待研究的课题。

下面是两个具体的利用大脑偏侧化原理，也就是左脑右脑的分工，以及全脑开发的原则对儿童进行脑开发的具体实施建议：

1. 几何题训练法

这个方法很简单，就是让孩子多做几何证明题。最好每天都花点时间。经过不少人的实践，证明这种训练的效果不错。道理很简单，我们在前面提到了，在做几何题的过程中，学生头脑里发生的，实际上是将直觉的观察转化为可用言语表达的逻辑。而这一转换的操作过程，实际上正是大脑两半球协同活动的过程。

2. 双手协调器训练法

我们知道人的左手受右脑的支配，右手受左脑的支配。根据手脑的这种交叉支配的原则，我们在临床和教育实践中采用了一种仪器，双手协调器，通过左手和右手的配合活动专门训练左脑和右脑的协同机能（见图4-6）。

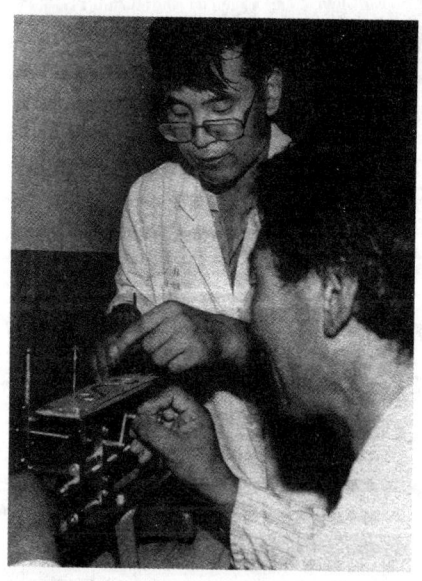

图4-6：双手协调器被证明可以有效地开发左右脑的协同活动

双手协调器的操作原理：要想把一幅图准确和快速地描绘

出来，你的左脑和右脑就需要积极地配合起来，这样才能使左手和右手的运作协调一致，使笔平稳地沿着特定的曲线运行，不出现错误。

第五章

男孩女孩不一样

 **脑科学提要：**

➢ 男女两性的大脑在以下几个结构上有明显的差别：

　　颞平面

　　胼胝体

　　前联合

➢ 男女两性在大脑的偏侧化程度方面也不一样

➢ 与脑的性别差异相对应，男女在以下三个认知机能方面有明显的差异：

　　（1）言语机能：女性更擅长

　　（2）视-空间操作机能：男性更擅长

　　（3）思维方式：男性偏逻辑，女性偏直觉

➢ 脑开发要依性别的不同各有偏重，因性施教可以极其有效地发掘两性各自大脑的巨大潜力

1. 男女两性大脑结构有差别

人的大脑两半球，如果只是粗粗地一看，分不出男人的还是女人的，但是如果仔细地测量一下，马上你就会发现男人的脑和女人的脑是不一样的。男女两性在脑结构上有明显差异的主要有下面几个地方：连接左右大脑半球新皮质的巨大神经纤维束——胼胝体，连接左右半球古旧皮质的前连合，大脑半球上与言语机能密切相关的颞叶上的一个叫作颞平面的部分，以及其他的一些大脑内部的结构。

男女两性大脑结构的差别主要表现在以下方面：

（1）胼胝体的形状不一样

胼胝体是连接两侧大脑半球的新皮质纤维。女性胼胝体的后部比男性的大且呈球状，男性的较小且呈管状。胼胝体是负责左右脑信息交流的，后部主要掌管视觉信息。球状的较大的胼胝体后部，提示为什么女性可以不太费力就能观察到很多男人总是注意不到的细节。

（2）前连合大小有别

与胼胝体一样，前连合也是由联系左右两半球的神经纤维构成的。前连合主要由联系古老的皮质的神经纤维构成。所谓古老的皮质，指的是那些在进化上发育更早的皮质，它们与我们的本能行为和情绪活动关系密切。女性的前连合比男性的大，表明女性这个部位包含的神经纤维多。我们都有这样的经验，女性比男性在情感反应方面更为敏感，情绪活动多，也相对较为复杂，大脑前连合的差异给出了为什么会是这样的解剖学上的解释。此外，现在还有一些研究发现，男性同性恋者的前连合不仅比普通男性的大得多，甚至比女性的还要大。这提示了前连合与人的性取向上的某种联系。

（3）颞平面大小不同

在我们大脑左右半球的颞叶里面，有个地方叫作颞平面。左半球的这个区域是和言语感知机能密切联系在一起的。女性左侧大脑的这个部位明显大于男性。特别值得一提的是，这个颞平面上的两性差异在胎儿时期就已经存在了，而且具有统计学上的意义。这表明男女两性大脑结构上的差异是先天的，不是后来造成的。

2. 男女两性左右半球特化程度不一样

男女两性在大脑机能的偏侧化程度上有所不同。一般来说，男性较女性大脑左右半球有更为明显的分化。这种差异在脑损伤导致的言语障碍的发生率上就已经较明显地反映出来了。通常情况下，左脑损伤后男人比女人更容易发生言语障碍。

更细致一些的研究还发现，导致人出现言语障碍的脑损伤部位在男女两性上也有一些差异，大脑后部的损伤多使男性出现言语障碍，而大脑前部的损伤多造成女性出现失语，这也反映出男女两性在脑的特化上的差别。

此外，从脑损伤导致人出现言语障碍的程度和障碍恢复的速率上也可以看出脑的偏侧化程度的差别。一般来说，病变造成障碍的严重程度是与特化的程度成正比的，而恢复的速度则与其成反比。也就是说脑的特化越强，脑损伤后出现的言语方面的障碍越重，恢复起来需要的时间也越长。临床上的观察发现脑损伤所造成的言语障碍的程度也是男性较女性为重，女性较男性言语机能恢复得也比较快。

3. 男女两性在认知机能上的差别

前面我们谈了两性在脑的结构和脑机能上的主要差别，这些差别对人的认知和行为有哪些影响呢？我们先来看一下对认知功能和高级心理活动方面的影响。

许多研究表明，男性与女性在以下三个认知或高级心理活动方面有明显的差异：一是言语机能，二是空间操作机能，三是思维倾向。

男性往往可以比较容易地胜任需要进行视-空间操作机能的作业，比如机械制图等；女性往往在需要大量言语活动的作业方面比男性强；在思维倾向方面，男性多倾向于抽象的推理活动，女性则多喜好形象的思维活动。如果我们用更通俗一些的话来说，那就是，一般来说女性在言语功能方面比男性强，男性则在视-空间操作方面比女性强，而在思维活动方面，并不能说谁比谁强，而只能说男性多用逻辑推理，女性则多用直觉。

我们平常都可以观察到一个现象，在口吃患者中，女性比较少见，而男性往往占了大多数。很多人也许还有这样的经验，男女在吵嘴的时候，女性总是语词流畅，至少比男性的词要多，一句接着一句，不会卡壳，而男性在这时候往往都会败下阵来，有时候有理也说不明白，表达不出来所以干脆就不说了。

还有一个现象我们都能够观察到，就是认路。男性到了一个新地方，过不了多久就会熟悉，往往不会出现找不到路的情况。相对来说，女性往往在认路方面不如男性，去了一个新地方，下次去可能还是找不到路，不少先生对太太的这种迷路都颇有感触。还有就是看地图，男性在这方面好像有缺陷的很少，女性很喜欢看地图的大概也不多。

再从思维活动上来看，人们都有这种印象，一般来说，女性比较感性，男性比较理性。在与人交往的过程中，比如说察言观色的时候，女性往往会超过男性。看待同样一个事物，男性通常喜欢依据抽象的推理，女性则通常喜欢谈感觉。直觉这个词对于男性来说往往用得不多，而女性则很内行。

所有这些认知活动上的差异都能和两性大脑两半球的机能特化上的差异密切联系起来。男女两性在言语机能上的差别可以找到明显的解剖学上的解释，那就是我们前面提到过的，女性左脑颞平面，这个与人类言语机能密切关联的部位，明显大于男性。男性在空间机能上的优势则与男性较为发达的右半球有联系。最后，在思维倾向性上的性别差异则可以在一定程度上归结到男性左右脑的特化较女性更为明显，因此左脑在思维过程中的应用也就更为明确。

男女两性在脑机能上的差异为我们在进行职业选择和训练方面提供了一定的科学根据。男性如果做那些需要视–空间机能的作业，比如说开车或是机械加工，往往比较得心应手，不仅做得快而且质量也好。女性如果选择那些需要言语感知和表达方面的工作，比如说外语教学，往往是比较容易胜任的。不过需要注意的是，这种差异并不是绝对的，而且也不是一成不变的。

下面是一些代表性的认知作业和操作项目，其中有的男性做得好有的女性比较擅长。

・请迅速在下面的几张图中找出和最左边的房子一模一样的图来。

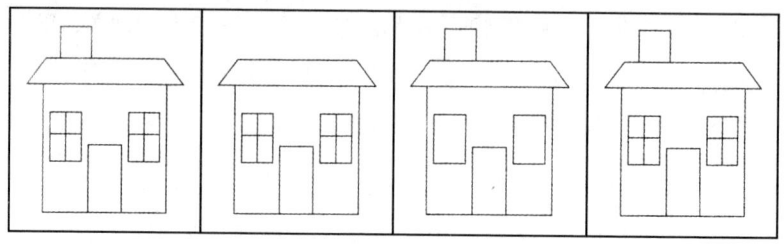

这是一个关于观察能力的测试,需要对细节的把握能力,在这项测验上,女性往往比男性的成绩好。我们在日常生活中也常常会有这样的经验,即女性往往能记住很多男性看不到的事物的细节。如一个人穿的衣服上的小的变化,男性可能不会注意,而女性却很容易就发现了。在对事物的细微差别的觉察方面,女性比男性有着明显的优势。

· 最左边的图形通过在空间中的旋转可以转成其他几个图形吗?

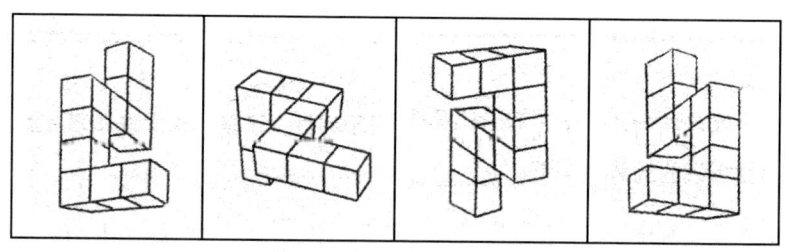

这项作业大概是男性最值得夸耀的了,因为在这项实验中,一般来讲男性的成绩都会明显地优于女性,而且这种差别有时是相当显著的。在门诊的时候,我们也遇到过前来咨询的学生,其中不乏女大学生来咨询学业上的一些问题,而经常被问到的一种情况就是在学习立体几何时的困难,有的女生感到代数的学习难度并不大,但是一遇到需要在头脑中对三维的立体形状进行操作时,比如立体几何的题目时,问题就来了,符号的理解没有多少困难,最难的就是在头脑中对空间的三维的事物进行操作。不过,有研究发现,患先天性肾上腺增生的女性在这类需要空间旋转作业的能力测试上成绩很好,而由于雄激素先天分泌不足而患睾丸功能障碍的男性在空间操作能力上则表现很差。有人曾对同性恋被试者进行过上述空间旋转机能的测定，结果发现他们的成绩明显低于普通男性。

这些都提示，空间操作能力与人的激素特别是性激素有密切关系。研究人员推测，人类智能中与动作相关的基因存在于Y染色体上，男女在空间机能上的差异就是由这一基因决定的，雄激素很可能在胎儿时期就参与了人的空间能力的发展。

· 在一分钟内列举同一个音开头的语词，或者列出同一种类的事物，比如文具等。

b	把 爸 布 白 班 补 败 包 保 宝 背 被 北 不 比 毙 变 脖 博 搬 八 … …

在这项测试中，女性的成绩往往好于男性，这是由女性在语言流利性方面的优势决定的。

· 做加减乘除的运算

73 41	$13 \times 3 - 19 + 53$ $2(17+2) + 12 - \dfrac{27}{3}$

在进行四则运算时，女性往往比男性的成绩好，经历过小学阶段的人大概都有这种感觉，在班里，数学成绩最好的往往都是女生。

· 想一想，如果播下的种子中有70%能够成活，那么要想得到770棵树需要播种多少粒种子呢？

1 100	如果播下的种子有70%能够成活，那么要想得到770棵树需要播种多少粒种子呢？

在进行这类题目的测试时，男性的成绩往往好于女性。这类测试虽然也是一种计算，但与四则运算有一个明显不同的地方，就是这里需要进行逻辑推理。

· 看一看，最左侧的这个图形是不是也可以在其他几个图中找出来？

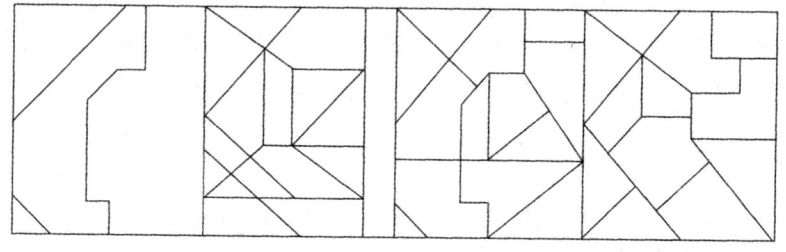

这是一个关于图形知觉能力的测试，男性在这种测试中的成绩往往高于女性。

・掷飞镖

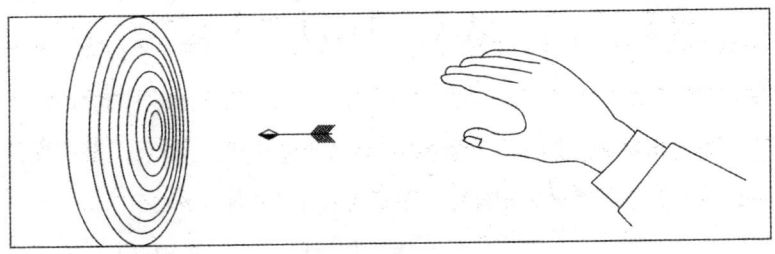

在需要瞄准、投掷等技能的运动测验项目上，男性比女性的成绩好。男性普遍比女性投得更准确，这要归功于男性的空间能力，同时这和男性较发达的右脑也有关系。

・把木棍插入木板上的孔中

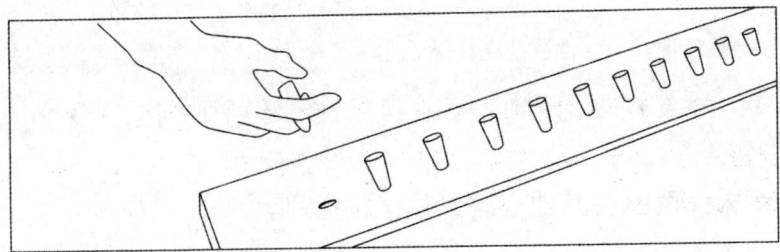

这也是一种运动技能的测试，但与前面的运动测试不同，这里考察的是手指协调操作的灵活性。女性在这种测试中往往会胜过男性。日常生活中我们也可以观察到类似的情况，一些女性熟练地打毛衣时的情形正是手指灵活性的充分表现。

4. 男女两性在学习方式上的不同

男女两性脑子的结构和功能有所不同，在认知机能上各有偏重，进而在学习方式上是不一样的。

演绎法：从一般推演到个别，是形式逻辑的一种推理方法。

归纳法：从个别推演到一般，是形式逻辑的一种推理方法。

同样都是逻辑推理，男性更倾向于**演绎法**，女性则倾向于**归纳法**。男性常以一般性的原则或概念为起点，然后经过三段论式的推理过程，把一般性的原则应用于特殊的场合。用学习能力倾向测查量表进行测评的结果表明，男性往往在多项选择、快速测试中表现得比较好，因为这需要较强的演绎能力；女性往往喜欢从具体的实例出发，通过累积更多的例子来填充自己的概念体系。因而她们记住的细节比较多，事例广，这样在概念形成的初期，女性可以很快地由特例开始建构普遍原则，走的正好与男性是相反的路子。测评的结果也证实，如果题目是"举一个例子"，往往女性得分要高于男性。

与上述的演绎和归纳相对应的，男性和女性在抽象和具体方面也有较明显的差别，男性较喜欢抽象的推理，女性则擅长具体的事物类比。这在课堂教学上就有了差异，如果用黑板和粉笔，通过符号化的抽象推理来教数学，男性往往比女生更容易掌握，而在用具体的实物来讲授数学原理的时候，女性往往更觉得适合。同女性相比较，男性往往喜欢抽象的关于哲学和逻辑方面的论争，而女性则喜欢关于具体事情的讨论。

5. 男女两性在其他心理素质上的差别

除去前面我们提到的男女两性在大脑及认知和学习方式上的差别以外，男女两性在其他心理素质上也有一定的差别。一般人恐怕都有这种感觉，在情感活动方面，女性往往比男性要细致得多，也更为敏感，而且涉及的内容也比较多。男性往往想不到的地方，女性却观察得十分仔细，并且还很认真。

有人做过研究，拿事业和家庭来进行比较，看两性对哪一个更看重，结果正如人们所预料的，男性更看重事业，女性更看重家庭。这和我们所处的社会环境特别是社会压力不是没有关系的。我们现在所处的时代，还没有消除男女的社会分工的差别，人们对于男性和女性在社会上的作用，仍然有一些偏见。人们普遍对男性在社会地位上的要求比女性高，换句话说，就是对男性在事业上的作为是有一定的要求的，也就是不宽容的。这种偏见造成了一定的社会压力，在这种压力下，男性自然就会更看重事业。而女性，也许是社会宽容的结果，对事业是否成功，很多人并不像男人那样认真，相反，对于家庭却十分重视。这也许和传统上的男主外女主内的观念有一定的联系，女性在事业上不成功并不会遭遇多大的社会压力，社会习俗在这方面对女性是宽容的，但同时却在家庭方面对女性有较高的要求。

6. 男女两性在感官能力上的差别

男性目光集中，女性视野较宽。国外有人对过马路发生的交通事故中男孩和女孩的数量进行了比较，结果发现有明显的性别差异，男孩多于女孩。男孩由于目光集中，或者说**管状视野**的缘故，在过马路的时候只知道盯住前面的目标，对周围驶过来的车辆却没有注意，而女孩由于视野较宽，可以及时躲开周围驶过来的车辆。

管状视野：为形容男性视野较窄所进行的一种比喻。

7. 男女两性脑功能的差别从小就存在

细心的家长不难发现，男孩和女孩喜欢玩的游戏是不一样的。男孩多喜欢摆弄性强的，体力消耗较大的游戏，女孩则多喜欢与人打交道的游戏，比如说"过家家"等。这种差别与脑子和激素有直接的关系。

动物行为学的研究发现，幼猴的玩耍方式有性别的差异：雄性幼猴比雌性幼猴活泼，但是行动鲁莽，它们模仿恐吓行为，假扮打架或摔跤的次数明显多于雌猴；雌猴比较喜欢和比自己更小的猴子玩耍，扮演类似母亲的角色。

为了探讨猴子的这些玩耍方式的差别是怎样形成的，美国威斯康星大学的研究人员做了这样一个实验：他们给怀孕的雌猴注射雄激素，结果发现生下来的雌性小猴子的玩耍方式与雄猴没有什么差别，但是如果在小猴出生以后再注射雄激素，这个效果就没有了。下面是实验的结果。

表5-1：猴子玩耍行为与激素的关系

猴子级别	游戏类型
正常雌猴	雌性玩耍
正常雄猴	雄性玩耍
胎儿期注射雄激素的雌猴	雄性玩耍
出生后注射雄激素的雌猴	雌性玩耍

在胎儿期注射的雄激素可以通过胎盘作用于胎儿的脑子，从而使小猴一生下来就具备了某种行为方式。看来猴子玩耍上的性别差异取决于胎儿期的脑受到哪种激素的作用。

在人类身上当然不能做这样的实验，但是人类有一种病，叫作先天性肾上腺增生，这种病症给我们提供了一种自然观察的机会。

先天性肾上腺增生是由于肾上腺皮质激素的合成酶先天不足而导致的病症。如果得这种病的是女孩，那么在胎儿期就会分泌出大量的雄激素。观察的结果是，她们不喜欢"过家家"这类女孩感兴趣的玩耍方式，相反，她们更愿意和男孩在一起玩游戏。研究人员还对这样的女孩喜欢什么样的玩具做了实验性的观察，做法是给这些孩子不同种类的玩具，有汽车和飞机的模型、娃娃、过家家的东西等，看看她们选择哪些。观测的结果发现，从玩耍每个种类的玩具的时间上看，她们更喜欢男孩通常喜欢的玩具，而对女孩通常喜欢的娃娃一类的玩具没有多大的兴趣。

从这个观察我们可以看出，人类幼儿也是这样，对游戏的选择和玩耍方式受到了胎儿期激素对脑的作用的影响。

8. 因性施教

为什么我们要了解男女两性大脑的结构和功能上的不同、认知机能上的偏重、心理素质上的特点，以及学习方式上的差异？了解这些有什么实际意义？

对这个问题的回答是：了解这些非常重要，因为这些就是因性施教的科学基础，因性施教是很有效的教育方法。

看下面这个事实：在美国的一所小学校里，专家们对教师进行了为期六个月的关于男孩和女孩学习方式不同的知识的传播以及如何根据性别差异施教的培训，结果发现，违反纪律的事件因此减少了35%。另一所小学发生的情况更让人兴奋，校长说："原来办公桌上总是一大摞一大摞的不及格成绩单和违反纪律的报告，现在全改变了。"违反纪律的现象直线下降，违反纪律的性别差异（通常是男性远远多于女生）也明显地缩小了。这个学校学生的成绩在全州内排名第一。

怎么做？
——开发不同性别孩子的大脑

> 脑的性别差异告诉我们，应该尊重男女大脑的差别，合理地进行科学的教育和训练，要依据两性在脑结构和机能上的不同，扬其长，补其短。

1. 针对男孩：在语言上多下点功夫，特别是要提高他的表达能力，否则将来在这方面会对他的发展有所阻碍。

选择一些有意思的语言方面的作业，比如说据理力争，让他学会发挥自己的逻辑思维方面的优势，同时带动言语机能，在与人争辩的过程中提高表达能力。

2. 针对女孩：鼓励她多参加一些学校组织的球类方面的体育竞技活动，在运动的同时提高空间操作能力，为日后学习更复杂的数学知识打好基础。

魔方训练：魔方需要高度的空间旋转能力，这是一个很好的智力训练手段。玩魔方可以有效地提高女孩大脑右半球对空间物体的知觉表象能力，提高她们在头脑中通过表象对空间事物的把握和操纵。经验表明，对女孩多进行这方面的训练对于她们的数学机能十分有益。与魔方类似的智力玩具，比如中国古代的各种拼搭类玩具，像七巧板、孔明锁以及九连环等，都是很好的可以用来对女孩进行空间能力训练的玩具。

第六章

脑与感-知觉能力开发

 **脑科学提要：**

➢ 人认识事物的感性阶段有两个基本过程，一是感觉，另一个是知觉。感觉与知觉都是人脑对客观事物的反映，但是感觉与知觉是不一样的

　　感觉是对外界事物个别属性的反映

　　知觉是对外界事物的整体的反映

➢ 人类的智能活动离不开具体的感知觉，感知觉开发是脑开发的基础环节，只有打好了这个基础，各种复杂的认知活动的上层建筑才能更加辉煌

1. 感觉和知觉

人脑对事物的认识有个感性阶段，在这个阶段里有两个最基本的心理过程，即感觉和知觉。

感觉是人脑对直接作用于感觉器官的客观事物的个别属性的反映。我们人类生活的环境，充满了各种各样丰富多彩的事物，这些事物以不断变化着的光、声、味、温度以及其他各种物理属性与我们的感觉器官打着交道。我们的感觉器官接受着这些物理信息的刺激，反射到大脑，形成了对于事物的颜色、声音、气味、冷热等各种感受，这些就是感觉。除去外界事物以外，对于我们自己的身体，大脑也可以通过相应的感觉器官感受到运动、姿势、心跳、以及饥饱、劳累等。这些也都是我们的感觉。

不过，不论是哪一种感觉，都有一个共性，就是它反映的只是事物的个别属性，不是一个完整的事物的整体反映。比如说黄颜色，它可以是花的颜色，也可以是纸的色彩，还可以是香蕉皮的颜色，所以黄只是某一事物的个别属性。同时，我们也可以认识到，感觉总是和具体的事物连在一起而存在的。

知觉与感觉不同，知觉不是对事物的单一属性的反映，而是对客观事物的各种不同的属性、各个不同部分以及相互之间关系的综合的反映。知觉是一个十分重要的心理学名称，虽然这是一个有点学术性的用语，但理解起来并不困难，只是我们平时不太注意这个问题，现在要谈幼儿的认知机能，讲脑的开发了，那就十分有必要先把这个概念弄清楚。

知觉和感觉不是一回事，从进化的角度看，知觉比感觉要高一个等级，做个比喻，知觉就好比是在感觉的基础上建立起来的上层建筑。没有感觉的基础，就没有知觉的发展。举个例子来讲，我们看到一个苹果，认出它是一个苹果来了，这就已经是知觉了，一个苹果在我们人的头脑中是一个整体的反映，它包含了苹果的颜色、苹果的香味以及苹果的形状等，这些特性就是我们对苹果的感觉，正是在这些感觉的整合的基础上，我们才能认出这是一个苹果。

感-知觉的开发涉及各个感觉器官的发展和机能。

2. 视觉系统的发展

小孩刚出生就具备了生理上的看世界的准备，接下来的就是怎样发展他的视觉机能了。

直到20世纪60年代，人们还以为新生儿是没有视觉能力的。因为婴儿没有言语，我们又没有客观的方法来证明他们是否能看到。60年代以后，研究者们设计了巧妙的实验，通过观察婴儿对物体注视模式的变化来验证他们的视觉能力，结果发现，婴儿刚出生就有了某些看的本领了。

比如，刚出生的婴儿就对运动性的物体有一种偏好。如果你在他的面前呈现一个运动的物体，他的吸吮速度会有所减慢，由于他的视觉追踪机能还没有发育好，他的眼球不能跟着运动着的物体走，他表现出来的是一种跳跃式的与运动轨迹相吻合的眼球运动。婴儿的这种对运动物体的偏好具有进化上的重要意义，因为运动着的东西一般更具有危险性。另外，对运动性的偏好也可以使婴儿能够更好地观察外界事物。这是因为当物体处于运动状态时，属于同一物体的东西会跟着一起动。实验证明，婴儿正是这样来认识同一个物体的。

所以可以说，婴儿早期表现出来的视觉机能似乎说明婴儿的视觉具有某种先天性。他已经在生理上准备好来认识这个世界。

接下来的就是我们怎样有效地利用这种先天的，但发育不很完备的视觉机能来促进这一进程了，也就是让孩子基于经验的感-知觉能力得到发展。

3. 听觉系统的发展

与视觉系统类似，孩子刚出生就具备了生理上的听世界的准备。

有研究显示，在怀孕的最后几个星期，胎儿的听觉系统就已经基本发展到位了，剩下来的就是准备接受新世界的刺激并积累经验了。有人对新生儿进行过研究，发现他们会把头自然地转向发出声音的地点。研究人员还发现，新生儿对自己母亲的声音很敏感，这种情况得到多次重复性的验证，表明新生儿已经具备了相当的听觉能力。另有一些研究更为细致地探讨了新生儿对不同品质的声音的分辨能力，发现婴儿与成人一样在绝对听觉上是一样的，而且在分辨高频音方面表现得更好，实验还显示他们可以分辨纯音在强度和频率上的细微差异。

这些都表明，婴儿的听觉系统从发育的完全程度上来看，比视觉系统更充分。这个结论提示我们，在十个月以前的婴儿主要的感觉器官是听觉。如果此时给婴儿同时呈现两个不同的信息，一个是视觉性的信息，一个是听觉性的信息，那么这么大的婴儿很可能去注意听觉信息而对视觉信息有所忽略。在十个月以后，情况就会像成人一样了，那时听觉信息的优势就会让位给视觉信息。我们成人就是这样的，每天接触到和接收到的最主要的信息是视觉信息。

虽然人的视觉和听觉系统在出生时就已基本上做好了看世界和听

世界的准备，但这并不表示他们看到的和听到的和我们成人是一样的东西。我们看到和听到的世界是有组织、有结构的，并不是由杂乱无章的光和声混在一起组成的大杂烩，而新生儿的世界却并非如此。

皮亚杰，这位探索人类认识发展的胚胎学的科学家，曾经很形象地描述了新生儿的世界，"一开始的世界是没有物体的，只有飘摇、虚幻、不实际的影像。这个影像出现后又会被别的东西吸收进去，有时就不再出来了，有时换了一个样子出来"（见图6-1）。儿童与他周围的物理世界发生着互动，正是在这些互动的过程中，世界逐渐变成了我们现在看到和听到的样子，这些都是需要经过学习和经验的累积才能完成的复杂过程。

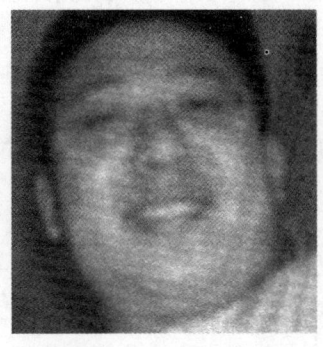

图6-1： 新生儿眼中的爸爸会是什么样子呢？

4. 其他感觉系统的发展

嗅觉

近年来的研究发现，与嗅觉对于我们生活的重要性相比，我们以往给予它的重视程度是很不够的。心理学和行为科学的研究显示，人类的正常生活离不开嗅觉，嗅觉在人的众多行为中起着重要的作用。比如在饮食、记忆以及性生活等方面，我们也在不知不觉中运用着我们的嗅觉。在各种情境中我们对他人的气味都有高度的感知，并且可以通过嗅觉辨认家人和朋友。哺乳动物的幼仔在睁开眼睛之前便可以学会将气味与其母亲联系在一起，人类的婴儿虽然很难与它们相比，但婴儿的嗅觉功能也是在出生之前便已经具备了。

味觉

人类对于味道的感受器几乎都分布在舌头上，人类能够感知的主要有甜、酸、苦和辣四种基本的味道。

这四种味道在舌头上的分布不是均匀的：舌尖对甜味的感受最敏锐，舌头的两侧对酸味感受最为强烈，舌头的后部及咽喉的前部最容易觉察到苦味，辣味则在舌头的前端和两侧最为敏感。

这种分布与我们人类的饮食行为有一定程度的吻合，并且具有一定的保护作用。我们可以用舌尖来品尝食物，因为它对甜味敏感，而有毒的物品一般都是有苦味的，舌头的后部对这种味道的敏感可以形成一种最后的也是最关键的防御机制，比如说，苦味可以在这里引起呕吐，因而可以进一步阻止有害食品入口。

触觉

触觉在我们对世界的认知和日常生活中都占有重要的位置，可能是由于视觉和听觉太重要了，以至于我们往往把它给忽略掉，以为它不重要，其实我们的各个感官彼此都是互相联系的，都是必不可少的。

婴儿心理学的研究表明，触觉是婴儿认识世界的主要手段，在他们的认知活动以及与父母的依恋关系的形成中起着非常重要的作用。婴儿出生后就有了触觉反应，当母亲的乳头接触到婴儿的嘴或面颊时，他们马上就会有反应，做出吸吮和觅食的动作。当你用物体碰他的手掌时，他就会出现一种要握住的动作反应。在婴儿哭的时候，抚摸他的腹部和面部，他就可以停下来。

这些都表明婴儿的触觉反应已经形成，他已经可以通过触觉来感受和认识这个世界了。

婴儿4~5个月的时候，视觉和触觉的联系已发展起来，有了视-触协调能力，这时他已经可以有意识地通过视觉和触觉的联合来主动地摸索物体、认识周围的环境了。

5. 知觉发展的关键期

前面我们提到，知觉是在感觉的基础上发展起来的。孩子一出生就有了视、听、触等各种感觉，随后便开始了知觉的迅速发展。知觉有很多种，我们最常用到的，也是在婴幼儿早期教育中比较容易操作的，是对外界物体的形状的知觉、大小的知觉，以及对方位的知觉。

形状知觉 2~5岁是儿童形状知觉发展的关键期。形状知觉与几何图形的辨识和掌握有直接的关系，而认识几何图形是学好数学的基本要求，因此，抓住时机，及时地开发儿童的形状知觉会有效地促进儿童日后对数学技能的掌握。

大小知觉 大小知觉较形状知觉的发展稍晚一些。这是因为大小是相对的，辨别物体的大小比辨别物体的形状难度大一些。对平面图形的大小的辨别比对三维的立体的体积的大小的辨别发展要早。2~3岁是儿童对平面图形大小的知觉发展的关键期；3~5岁是对体积大小的知觉发展的关键期。

方位知觉 方位知觉包括上下、前后、左右等。2~3岁是儿童发展上下知觉的关键期；3~4岁是发展前后知觉的关键期；5岁左右是发展以自身为中心的左右定位的关键期。许多家长及小学老师都有这样的经验，即有不少儿童在学习计算和汉字的时候出现困难，他（她）们常将数字3写颠倒，分不清b和d，以及p和q。另外，在书写汉字时，儿童常将偏旁部首写反。这与儿童的方位知觉没有发育好有直接的关系，如果能及早地在这些儿童发展方位知觉的关键期加强训练，就可以有效地避免这些问题。

6. 感-知觉开发的意义

脑科学和心理学的研究证实，人类的智能活动离不开具体的感-知觉。

1949年，加拿大心理学家赫布进行了一项著名的"感觉剥夺"实验。实验时，他们让自愿受试者待在一个特制的屋子里，在这间屋子里人的各个感觉器官都得不到任何刺激，也就是说在这间屋子里，没有光、声音、气味等，总之什么都没有。受试者戴着软绵绵的手套，另外还从肘到指尖、从膝到脚尖也包上东西，以限制感觉。除了吃饭和大小便以外，受试者一天24小时躺在舒服的床上，整整待上4天。然后再测试受试者的行为和智能活动。

结果发现，受试者出来后，动作变得不协调了，错误百出，而且智能活动也出现了障碍。比如，让受试者将一根小棍插入一个洞里，要求不能碰到洞壁，结果一些受试者始终完不成这个原来很容易完成的简单技能活动。很明显，这个实验说明，人的智能活动离不开具体的感知活动，当感知活动被剥夺后，智能活动便会出现障碍。

感知能力强是很多有成就的人的一个特征。美国卫生教育福利部有个专门负责特殊人才的办公室，这个办公室曾为那些想培育天才儿童的家长们提供了一份材料，列举了那些聪明过人的天赋儿童的一些典型行为，其中就指出善于观察、好奇心强是这些天赋儿童的突出特点。

中国超常儿童追踪研究协作组自1978年开始，在全国范围内对55名各种类型的超常儿童进行了历时3年的调查研究。结果也发现，虽然超常儿童心理发展的类型和程度不尽相同,但他们的心理发展有一些共同的特点,其中也都包括敏锐的感-知觉和良好的观察力。由此可见,感知能力的发展对于人才成长的重要性。

怎么做?
——培养一个感觉敏锐的孩子

> 丰富的环境刺激是提高感-知觉能力的前提。儿童的感-知觉活动,开始是无目的的,随着年龄的增长,逐步过渡到有意的感知。有意识支配的对事物的感知活动,最明显的就是观察活动。

要培养孩子的感知能力,应注意以下几点:

1. 尽量丰富儿童的生活环境,让他们的空间充满了视觉的、听觉的、嗅觉的玩具以及各种各样可以触摸和操作的东西,让他们的感官从小就在各种各样、丰富多彩的环境刺激下得到及时的培育。

2. 带孩子到植物园和动物园去,让他尽情地玩一玩,然后让他用语言来描述看到的各种花草和动物,促进儿童从无意感知到有意感知活动的转化。

3. 带孩子出去的时候,多让他们进行观察活动,这样就可以通过大量的有趣的观察活动提高儿童的感-知觉能力。

第七章
脑开发与注意品质培养

 **脑科学提要：**

- 注意是人脑的一个基本功能，它是认知活动的基础
- 人脑的第一基本功能区，包括脑干中的网状系统，与人的注意品质密切相关
- 脑的第一基本功能区成熟得比较早，所以注意方面出问题多发生在早期，学前期就表现得很明显了
- 人的注意机能可以在训练中得到提高
- 注意缺陷是多动症的一个重要发病原因，通过科学的训练可以予以矫治

1. 注意是什么？

注意是人的一种心理过程，它表现为人对一定事物的指向或集中。注意的对象可以是外部世界的事物，比如说周围人的行动和外界发生的事情或物体，也可以是自己的行为或内心的观念或心理活动。

当你给孩子讲故事的时候，孩子眼睛看着你，放下了手里的玩具，认真地听，就是我们都很熟悉的注意活动。在某一时刻，我们的心理活动总是指向一个特定的对象。这就是注意状态。注意不是一个独立的心理活动，它与其他心理机能难以分开，而且是其他心理活动正常进行的前提。很难想象一个孩子心不在焉地写字会不出错。上课的时候老师们常挂在嘴边上的一句话就是"注意听讲"。

中国古代有一个"学弈"的故事，讲的是一位有名的棋手收下了两个徒弟，一个徒弟在学习的时候非常认真，专心听讲，技艺增长很快；另一个却三心二意，脑子里老想着别的事，结果一无所获。这个故事形象地说明了注意在人的认知和学习活动中的重要意义。

注意可分为无意注意和有意注意

人们在注意的时候，经常是有目的的，这时发生的注意过程叫作有意注意；但注意并不总是有目的的，很多情况下，我们是在无目的地注意着周围发生的事情，这时所发生的注意过程叫作无意注意。

有意注意也被称作随意注意，它是一种意志努力的结果，虽然这种意志的努力在很多情况下很容易操作，我们也并不感到有什么困难，但要长期保持有意注意，那就要付出不少努力了。有意注意对于人的发展十分重要，没有这种有预定目的的注意过程，人们就无法有效地完成各种生存和发展的活动。

无意注意也被称作不随意注意，它不需要我们做什么特别的努力，往往是在周围的事物发生变化的时候自然发生的。环境的变化是一种刺激，在这种刺激的直接影响下，人就会不由自主地注意到这些变化，这有助于对危险的情境保持警觉，对有利的事物及时捕捉，这是人类生存的一种本能，是一种探究行为。它是在进化过程中发展出来的机能。

除了无意注意和有意注意的区分，注意还有以下几个主要特性。

注意的选择性

注意是对一定事物的选择，这是注意的一个重要特性，我们叫作注意的选择性。

在我们生存的空间，在我们的日常生活和工作中，各种事物在周围发生，信息无处不在，但有很多事物与我们的生活没有什么直接关系，有大量的信息我们没有必要去关心，所以我们需要有一种能力，从众多的信息中选择对我们有用的内容。没有注意的选择性，我们就无法从众多的事物中找到对我们来说重要或感兴趣的事物，来有效地处理。

注意的稳定性

注意的稳定性说的是注意在时间上的一个特征。它指的是人能否长时间地将注意保持在感知某种事物或从事某种活动上的能力。

人类从事的很多工作都需要这种能力，如果一个孩子干什么事情只有三分钟热度，家长一定非常着急。其中的道理很清楚：没有注意的稳定性，干什么事情都干不好。

这里有一个小的实验，我们可以来做一下，加深我们对注意的稳定性的理解。

看下面这张图，你看到了什么？时间长一点，又看到什么了？（见图7-1）

图7-1：年轻女子还是老妇人？

你是不是在看这张图的时候，有时把它看成一个年轻的女子，有时又把它看成一位老妇人？而且随着注视的时间的延长，这种变化会不会交替地进行？这就是注意的起伏现象，它所揭示的是我们人类的注意活动中存在着的一个稳定性的问题。也许您在做了这个实验后会有所担心，因为您无论怎样努力，注意的起伏现象似乎都不能克服。不过您不用担心，这种短时间的起伏（一般是1秒~5秒）并不影响您的观察工作，也不会妨碍您对复杂而有趣的活动的完成。我们这里讲的注意的稳定性并不指每时每刻总是指向同一个对象。事实上这样做也不大可能，而且也没有必要。

一项行动的对象以及行动的本身是可以变化的，但是活动的总方向却是不能变的，只要总的方向不变，按时完成了活动，就是达到了注意的稳定性的要求。比如，当您要求孩子完成一项画画的作业时，他可能要一会儿看看画册，一会儿要歪头想一想，一会儿又换了张纸。虽然他总在变换着注意的对象，但这些活动都与画画这项作业有关，是一个整体，最终他是要完成画画的，所以他的注意达到了稳定性的标准。

注意的广度

　　注意的广度也可以称作注意的范围，就是在同一时间内能够清楚地把握住的对象的数量。如果是在视觉方面，那就是同一时刻能够看到的空间中的内容；如果是在听觉方面，那就是能够听到的不同的声音。

　　许多职业都需要有较大的注意广度，比如汽车驾驶员、交通警察、教师、音乐指挥、打字员等。注意范围对于我们每个人的日常生活、学习和工作也都有十分重要的意义。就拿日常生活来说，比如过马路、找人，都需要有一定的注意广度，否则会很不方便。

注意的分配

　　我们在做一些复杂的事情的时候，经常需要注意有关联的不同的对象。这时就需要我们有一种能力，把我们的注意根据活动的要求分配到不同的对象上。这就是注意的分配特点。

　　这个能力也很重要。比如，司机不仅要注意前方，也要关注后面，同时也不能不关心他的驾驶台，只有这样他才能开好车。

注意的转移

　　与注意的分配密切相关的是注意的转移。这里指的是一个人根据内外环境的需要而变换注意的对象。有的人容易进行这种变换，有的人则比较困难。这也是注意的一个重要的品质。由于有很多工作需要人不断地从一个注意目标转换到另一个目标，转移能力强无疑会使工作的效率更高。

2. 注意发展的历程

人类注意的基本发展历程是，先是无意注意，随后是有意注意。3岁前儿童的注意基本上属于无意注意。随着年龄的增长，儿童的有意注意开始逐渐发展起来，并在认知活动中起着越来越重要的作用。

伴随着儿童的有意注意过程的发展，注意的选择性也逐渐发展起来。研究人员做了一个实验，比较3岁和6岁儿童在注意选择性上的差异。实验是给这些孩子呈现一些图形，让他们熟悉和认识这些图形。在他们看这些图形的时候，用一种叫作眼动仪的科研设备记录孩子们的眼动轨迹和注视停留时间。结果发现，3岁左右的孩子在熟悉这些图形的时候，眼睛凝视图形的部位要比6岁左右的孩子少得多，而且，主要集中在图形中央部位，而6岁左右的孩子的目光则基本上涉及了图形的各个部位，表现出他们的注意选择性明显地优于3岁幼儿。

注意稳定性的发展

研究发现，一般而言，5～7岁儿童可以连续注意同一事物的时间约为15分钟，7～10岁儿童的这种能力扩大到20分钟左右，10～12岁的儿童达到25分钟，12岁以上的则可增加到30分钟左右了。

注意广度的发展

注意的广度随着年龄的增长而不断提高。小学低年级学生的注意广度比较窄，当要求他们记拼音字母时，2～3个字母拼的音可以较快地记住，而3个字母以上拼出的音就很难记住了。注意广度发展到成年阶段时，一般能够达到在十分之一秒的时间内注意到4~6个没有联系的外文字母，或8~9个黑色的圆点。

注意的分配及注意的转移的发展

小学生注意分配能力比较低，他们不能同时注意上课的内容和自己的活动，比如不能在听课的同时把笔记也记下来，如果记笔记，那就只记笔记，如果听课，那就只听课，同时做这两件事，注意分配不过来。我们成人已经具备了这种能力，这是随着年龄的增长，经过不断的实践而逐渐获得的机能。

小学生对注意的转移操作也比较差，比如上完图画课后接着上数学课时，小学生往往不能很快把注意力转移到数学运算上来，上别的课时也一样，总要花较长的时间才能从刚才的兴奋状态中安静下来，并把注意力集中到新的课程上来。随着年龄的增长，这种能力也在不断地提高，到了中学和大学阶段，已经可以比较熟练地操纵注意的转移机制了。

3. 矫治注意缺陷

儿童多动症是我们经常听到和谈起的一种儿童常见的行为症状，脑科学的研究发现，相当一部分儿童多动症的原因是**注意缺陷**。

更进一步的探讨还揭示，这种注意缺陷是脑内的时钟系统出了问题。当完成一项作业的时候，多动症的孩子保持注意集中的时间远比其他同龄儿童短。他们的内部时钟走得太快，别的儿童可以花上20分钟来完成一份作业，但是20分钟对于他们的内部时钟来说，已经是快一个小时了，这实在是太长了，无法坚持，他们只能坚持相对于其他儿童来说

儿童多动症：以多动和注意力不集中为主要行为表现的一种儿童期脑功能障碍。

注意缺陷：即注意机能发育不良，可作为儿童多动症的病因。

的10分钟。这是造成多动症的重要的神经心理机制。

治病要治本，所以要想解决多动症的问题，就需要在这个内部时钟上做文章。现在有一种有效的矫治方法，就是有意识地用行为矫正的方法，调节这些注意有缺陷的儿童的内部时钟，使其行走的速度和正常儿童一样。

怎么做呢？如果一个多动症的儿童完成不了20分钟的作业，家长就不必一定坚持要他做20分钟，而是依据他的具体情况，把20分钟的作业分成两个或三个时段来让他完成：如果他坚持不了20分钟，那就让他先完成10分钟的作业；如果10分钟还不行，那就再短点，看能不能坚持七八分钟；如果他可以完成了，就马上表扬他，让他坚持下去；下一次则逐渐增长时间，看看他可不可以坚持9分钟；如果9或10分钟可以完成了，那就再努努力，看看11分钟能不能坚持，12分钟可不可以。

就这样一步一步地延长他的作业时间，把要他完成的作业随着他能够坚持的时间的长短，而做相应的安排，逐渐让他养成能够像其他同龄同学一样地在较长时间内完成作业的习惯。这样，他的内部时钟就被调节到具有和其他同学一样的行走速度了。

矫治注意缺陷是一个需要相当长的时间，不是一朝一夕就可以达到理想结果的系统工程，这需要家长和老师同样有耐心才行。

注意缺陷造成的多动症给许多家长和老师带来了烦恼，孩子的这种注意障碍严重影响了他们对于知识和技能的获取和学业上的进展，而且更为重要的是，如果不进行干预，势必影响他们将来的行为发展，造成更严重的后果。对于这种以多动为主要特征的注意障碍，我们应该早发现早矫治。研究表明，越早治疗，效果越好。

怎样才能及早发现孩子是不是有这些方面的问题呢？我们这里给大家提供一个简便的用来测查孩子是不是有多动行为的量表，可以对照着检查一下，如果孩子真的有了这方面的问题，就需要进一步去专业机构或医院进行更详细的测评，及早进行矫治了。

康奈尔教师儿童行为量表（简化表）

（1）活动过多，一刻不停　　　　　　　　　（　）

（2）兴奋激动，容易冲动　　　　　　　　　（　）

（3）经常惹恼其他儿童　　　　　　　　　　（　）

（4）做事不能有始有终　　　　　　　　　　（　）

（5）坐立不安　　　　　　　　　　　　　　（　）

（6）注意力不易集中，容易分散　　　　　　（　）

（7）必须立即满足要求，容易灰心丧气　　　（　）

（8）经常易哭　　　　　　　　　　　　　　（　）

（9）情绪变化迅速、剧烈　　　　　　　　　（　）

（10）经常勃然大怒，或出现令人意料不到的行为（　）

上述各项按活动程度分别填写0（没有）、1（稍有）、2（很多）。总分超过10分以上即可怀疑是不是有多动症的问题，需要早些进行矫治了。

怎么做？
——帮助孩子集中注意力

有意注意对于儿童认知机能的发展以及学业的发展都很重要，有意注意的开发还可以提高孩子的自制力。

幼儿的注意选择性，受到下述因素的影响：

1. 有意注意机能的开发

实践表明，比较好的训练有意注意的方法，就是在日常生活中，不断地通过让孩子在一定时间范围内从事一些有意义的事情，鼓励他们一定要把一件事做完，然后才能做其他的事情，不能半途而废。当他们这样完成以后，要及时地表扬他们，使他们养成良好的习惯。这样做的同时，他们的自制力也会得到相应的提高，自制力的提高同时又会大大促进有意注意的发展。

2. 注意选择性的开发

让儿童按照指令，在规定的时间里找出有关的对象，是一种常用的培育注意选择性的方法。

比如让儿童看一些图，图中有各种不同的东西，包括各种玩具、汽车、房子、桌椅等。然后让他分别把你要求的东西找出来。这种类型的图片在市场上可以买到，对于训练注意的选择性很有用处。

3. 注意稳定性的开发

稳定性的开发有各种方法。可以让他在规定的时间里完成某项作业，或是通过玩各种游戏来培育。

我们在实践中发现，放风筝就是一种不错的培育儿童注意稳定性的有效游戏。要想把风筝放好，孩子需要把注意力稳定地集中在天上的风筝上，而且持续的时间也比较长，效果很不错。

4. 注意广度的开发

注意广度的开发可以借助游戏来进行。比如说很快地在儿童面前呈现数个物品，然后马上收起来，让他说出看到的物品来。这种方法也可以通过计算机来进行，编制一个小程序，用很短的时间呈现多个刺激物，然后消失，让他迅速地报告看到了什么，看看他能够注意到多少。为了提高儿童的兴趣，呈现的刺激物不要太单一，可以变换各种形式，选用不同类别的内容，比如水果、花卉、服装、玩具、动物、人物、交通工具等。这样，不仅可以保持儿童的兴趣，还可以扩大和增长他的知识面。

5. 注意的分配和注意的转移能力都可以通过训练提高，特别是在学前期，这种训练的效果更好。怎样训练注意的这两个品质呢？这里提供几种方法：

通过日常生活来训练。家长和孩子在一起的时候有很多场合可以用来培育孩子注意的分配和转移能力，比如在带着孩子上商店买东西时，可以让他来带路，或者让孩子指出哪里是卖他要买的商品的地方。商店里的商品很多，孩子要克服影响他们注意力的干扰刺激，分配和转换注意力，及时地找到要去的地方。家长可以通过鼓励的方法，在速度和准确性上强化他们的这种能力。

通过"找错"游戏来训练。给儿童看一些画中有错的图片，让他们迅速地找出其中的错误。没错的地方故意用上显眼的颜色，要让儿童在找错的过程中主动地排除干扰，及时地分配和转移注意，迅速地完成指定的任务。这种方法还可以演化到日常的一些活动和游戏中，让孩子排除人为的干扰，找到他们要找的东西。

第八章

脑开发与语文能力培养

 **脑科学提要：**

➤ 言语活动是人类区别于其他动物的基本特征

➤ 人类的大脑有负责言语活动的专门区域，大脑的左半球在言语活动中处于主导地位

➤ 说话和听话是两种不同的言语机能，分别由大脑的不同区域主管

➤ 近年来的研究发现，存在与人类言语机能相关的基因FOXP2，这一基因在20万年前，当现代人类出现的时候被固定下来

➤ 言语发展有几个关键期：

　　口头言语的关键期是2~3岁

　　书面语言的关键期是4~5岁

➤ 言语机能的发展与其他认知机能的发展密切相关，人在3岁左右时如果接受丰富的语言环境的刺激，智商也会随着提升

1. 人类的言语机能及其脑机制

如果要问人类的哪一个特征最能够区别其他动物，恐怕不会有多少人反对把这一特征定为言语。在人类漫长的演化过程中，人脑出现了特定的部位，专门负责人类的言语活动。其中左脑在言语活动中起着主导的作用，此外，临床的大量观察和实验室的实验，包括**裂脑**的研究和现代脑影像学的发现，都证明人的说话和听话是由不同的脑区负责的，同样，阅读和书写也由不同的神经心理结构来管理。

最早发现人的左半球和右半球在高级心理活动上各有侧重的是位名叫布洛卡的法国医生，他发现当人的左脑受到损害后会出现言语障碍，当右脑损伤时却不出现。在他的一个失语的病人去世后，他检查了病损的大脑，确定了一个与说话有关的语言区，后来这个区就叫作布洛卡区或运动性语言区。这个区域损伤后，病人会出现言语表达的障碍，此时虽然患者可以听得懂，却不能用言语表达，叫作运动性失语。

之后又有一位名叫威尔尼克的医生发现，同样是在左脑，但是在位置靠后一些的颞叶上，也有一个与人的言语活动有密切关系的区域，不同的是，这个区域损伤后病人虽然可以说话，却听不懂别人的话，这种失语的症状叫作感受性失语，这个与言语感知密切相关的区域就被称作威尔尼克区或言语感受区。

此外，还有一些病人既有说话上的问题又有听话方面的障碍，这种

裂脑：指割裂脑手术，即为了治疗顽固性癫痫而施行的，将连接两侧大脑半球的胼胝体切断的外科手术。

情况往往是既损伤了言语运动区同时也破坏了言语感受区，问题比较严重，叫作混合性失语。

不论是说不出话来的运动性失语，还是听不懂话的感受性失语，或是既说不了也听不懂的混合性失语，这些言语障碍的病人大多数都是由于左脑损伤导致的。我们现在知道，左脑在言语的表达和理解上起着决定性的主导地位。布洛卡在发现了左脑负责说话的那个区域后，在一次人类学的大会上宣布，我们人类是在用左脑说话。一时引起轰动，并由此而唤起了人们对脑的机能定位的兴趣，并极大地促进了关于脑的结构和语言的关系的深入探讨。（见图8-1）

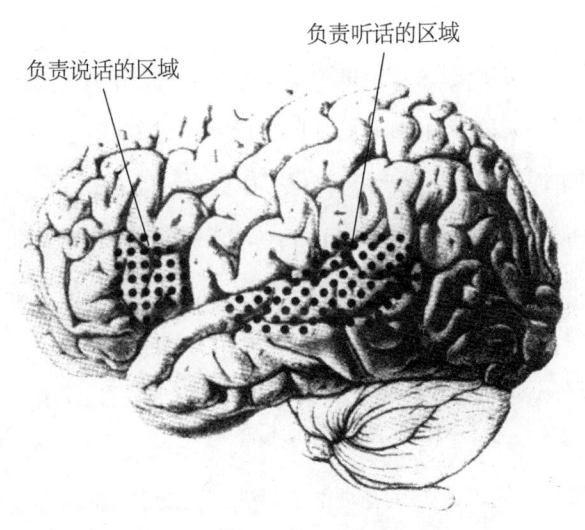

图8-1：大脑的言语机能区

现在，人类的言语机能的神经心理机制正在现代脑科学的推动下，不断取得新的进展，大脑也在渐渐地露出它在言语活动过程中更为精细的组织结构和功能构筑。

近年来，科学家又发现了与人类的言语机能相关的基因，引起了学术界的轰动。这个被称作FOXP2的基因的出现可以被追溯到20万年前，那时正是在解剖上可以被认定的现代人类出现的时刻，这也在一定程度上解答了为什么我们现代人可以进化，发展到整个地球，原因正是我们人类的言语机能。言语机能对于我们人类进化的重要性也可以从中略见一斑。

2. 言语机能发展的关键期

人的言语活动分为口头语和书面语，口头语又进一步分为表达和理解，书面语又可分为阅读和书写。言语活动是一个十分复杂的系统过程。言语机能的关键期不是只有一个，而是针对不同的机能有不同的关键期。口头语言的关键期一般是2～3岁；书面语言的关键期一般是4～5岁。

根据言语机能的关键期，我们可以科学地安排对儿童的言语机能的开发和训练。幼儿在2～3岁的时候，我们需要进行的是大量的口头言语方面的训练。阅读方面的训练，可以相对晚一点，但也不要迟于4岁；至于书写机能，则要再晚一点，5岁可以进行，因为书写活动需要人的**精细动作**能力发展到一定程度才能更好地进行，在孩子的精细动作还不能在肌肉间的协调配合下顺利完成的情况下，书写机能训练是较难取得期望的结果的。

> **精细动作**：特指人类手指的精确性很强的灵敏操作。

现在有不少家长，在孩子还不到1岁时就教他们认汉字。这样做有点急了，要知道阅读的关键期不是在这时候。1岁的孩子才开始说话，对他们来说，听和说是最为重要的。另外，如果家长把精力放在教孩子认汉字上，一方面不会有多大效果，另一方面还会耽误了口头言语能力开发的机会。这时候要多让孩子听和说，不是看和读。即便你花了不少工夫教会了孩子认读一些汉字，甚至是几句唐诗，但比起他失掉的发展口语方面的能力来讲，只是捡了芝麻丢了西瓜，得不偿失。从脑科学上来讲，脑子发育达到了什么程度，对哪些机能有了准备，就要开发哪些机能，这样才能事半功倍。所以在这里要劝告家长们不要太着急，要按科学规律办事。

3. 为什么要鼓励家长尽量多和幼儿交谈？

研究表明，儿童的早期语言环境对他们将来的智力发展起着十分重要的作用。研究者跟踪调查了儿童3岁时其父母与他们的交谈次数和这些孩子后来的智能发展的情况，结果让人们感到十分兴奋，与孩子大量的交谈会使他们拥有更高的智力！（见图8-2）

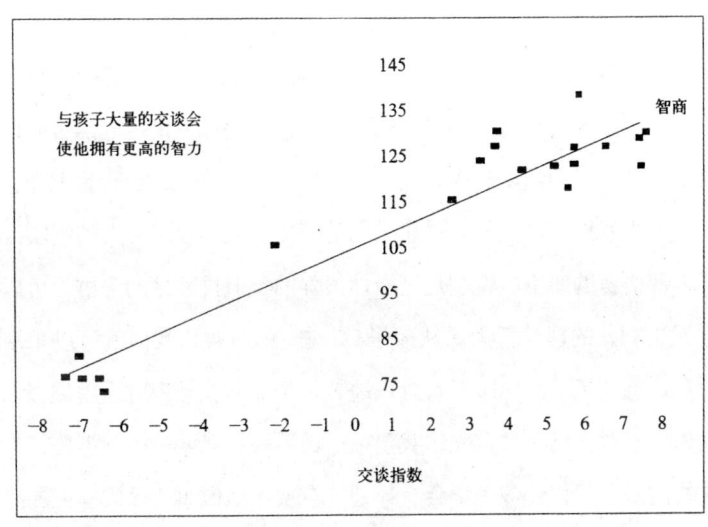

图8-2：孩子3岁时父母与其交谈的次数与智商的关系

从图8-2可以清楚地看到，随着与儿童交谈的次数（用交谈指数表示）的增加，儿童的智商也在增高。

这提示我们家长，要想使孩子将来有个好脑子，从小就要多与孩子交谈，给儿童创造一个良好的语言环境。

4. 什么是内部语言？怎样使用内部语言开发大脑？

言语的使用可以促进儿童大脑的发展，诱导孩子使用内部语言就是一种行之有效的开发大脑机能的方法。什么是内部语言呢?内部语言指的是人对自己说的别人听不到的没有声音的话。我们都有这种经验,当我们想一个问题,或是做某件事的时候,有时我们会不自觉地自己对自己说起话来。内部语言是幼儿在有声语言的基础上发展起来的。我们可能都观察过这样的现象,当孩子学会说话以后,有一段时间,每当做什么事的时候,他都会一边做一边说,好像他正在向人们描述他的每一个动作。再到以后,随着年龄的增长,他慢慢地不再大声地把每一步都说出来了,后来就干脆不出声了。这是在进行一种**内化**过程,它使有声语言过渡到了内部语言。

现代**神经心理学**通过功能核磁等手段,对人的大脑进行研究的结果表明,当人与自己进行不出声的谈话,也就是在使用内部语言时,人的大脑就会积极地活动起来,皮层上的好几个重要区域会一起工作,相互之间产生联结,这正是人的思维活动积极进行的表现。人们的实践表明,内部语言的使用,特别是逻辑性很强的类似推理性的言语,可以有效地促进幼儿的理性行为。从孩子4岁左右的时候,我们就可以采用这种方法训练孩子了。你可以有意识地教孩子如何在做事时运用类似以下的词语自己对自己说"首先,我要……然后……我要……"等语言。通过这些内部语词,让孩子学会有计划、有次序地做事,养成理性的思维习惯。

使用语言指导行动的能力是随着幼儿年龄的增加而增强的,在这一过程中孩子需要不断的锻炼机会。在这方面实践的次数越多,能力也就越强。6岁左右的孩子会把"教"父母如何做一件事当成很好玩的游戏,这可是个对儿童智力开发很有用处的游戏,家长要有耐心地多多配合才是。

对于再大一点的孩子,家长或老师可以采用诱导他们用语言制订行动计划的方式进行这方面的训练。这种训练,有助于让他们学会怎样设

内化:指将外显的言语表达转为内部活动的过程。

神经心理学:一门以脑与心理的关系为研究对象的交叉性学科。

定目标，思考达到目标所需要的环节，有次序、有步骤地组织和安排自己的行动。从大脑的结构上说，这就是额叶的功能。额叶是人类最晚发展起来的部分，额叶对大脑的其他部位有着组织和调控作用。额叶对我们人类的生存和社会的进步是至关重要的。开发儿童大脑额叶的机能可以促进他们自我意识的发展，使他们能够主动地学习，有计划地行动，卓有成效地适应社会。

5. 言语能力的发展有哪些阶段性的标志？

人对言语的掌握有一个过程，这个过程要跨越许多年的时间。在这个过程中，有几个里程碑，或者说成熟的标志。认识这几个标志可以帮助家长和老师们更好地了解孩子们的发展状况。

语音方面的发展

语音的发展与环境的关系十分密切，这就是孩子很快就能学会一种方言的原因。如果你请了一个湖南口音的保姆，很可能你的孩子的话语中就会有湖南口音；如果孩子所处的环境是以广东话为主，用不了多久你就一定会发现，孩子的言语中夹杂了广东口音。因此，我们应该特别注意，让孩子有个标准的普通话环境。尤其是在孩子三四岁的时候，更要特别注意这个语音的标准化问题。

词汇方面的发展

学前期是人的一生中口语词汇增长最快的阶段。据资料统计，3岁时词汇量约为800~1 100个，4岁时为1 600~2 000个，5岁时增至2 200~3 000个，6岁时达到3 000~4 000个。

随着词汇量的增长，词类范围也在不断扩大。

从词汇的内容上来看，在这一阶段，主要的是具体的实词，其中以名词最多，其次是动词，然后是形容词，最后是副词。另外，学龄前儿童也掌握了一些比较抽象的虚词，比如说介词和连词。幼儿掌握的词汇内容是随着年龄的增长而不断丰富和扩大的。他们先是获得了许多与自身体验和生活有关的具体的词汇，接着是一些与他们的自身远了一些的词，如家具、玩具等。随着活动的范围的扩展，词汇涉及的方面也不断地增加。

在词类范围日益扩大的同时，儿童掌握的词义也逐渐加深和丰富起来。随着生活经验的丰富和思维机能的发展，儿童脑中对词的概括性联系网络也渐渐建立起来，他们对词义的理解也更加深入。比如，"狗"这个词，对于幼儿来说，是狗的外形和它的叫声，而对于较大一些的儿童，这个词还意味着狗与人的关系和生活习性等。

语言的掌握是儿童主动练习的结果，随着孩子掌握的词汇的增多，他们使用这些词汇的兴趣也在增加，有的词汇他们不但理解而且也会应用，有的词汇，他们虽然理解，但不一定会使用。于是就出现了一个时期，孩子的话语中出现大量乱用的词语或者乱造的句子。比如，把"一本书"说成"一个书"，把"两个人"说成是"两只人"等。

句子类型的发展

如果细心观察，你就会发现，随着孩子年龄增长，学龄前儿童所使用的句子有以下三个十分明显的发展变化。

首先，也是最明显的，你能够很容易就观察到，孩子说的句子逐渐从不完整的句子过渡到完整的句子。儿童刚会说话时，他使用的句子的结构是比较简单的，经常是单词句和电报句。比如"妈妈班""大大来来"等。2岁以后，比较完整的句子逐渐出现，并占据主要部分。到6岁左右，完整句已达到98%。

如果你再细心一些，你就会发现，孩子所用的句子还有一个逐渐的从简单句到复合句的变化。有人做过统计，2岁左右的孩子，简单句占他们所说的话语的96.5%。随着年龄的增长，复合句逐渐出现，4岁左右的孩子会用"如果……就""因为……所以""只有……才"这样一些虚词的搭配来造句。

最后，你还可以发现，儿童开始用的句子多为陈述句，因为这种句子相对简单。以后，你会发现，疑问句、感叹句等其他各种不同类型的句子也陆续地被孩子说出来了。不过，在整个学前期，陈述句始终占话语中的主要部分，在其他类型的句子中，疑问句产生得相对较早。

6. 怎样开发孩子的阅读能力？

文字是人类最伟大的发明之一，没有文字，我们的生活是无法想象的。随着文字的产生，大脑也进化出相应的阅读机能，这种机能正日益成为认知活动中不可缺少的重要角色。

阅读是一种符号认知，儿童对文字的掌握是对言语视觉符号的学习。所以，我们教孩子阅读正是帮助他建立言语视觉符号与意义之间的联系。

帮助孩子理解符号

虽然孩子在19个月大的时候就开始认识符号了，但要等到30个月大的时候才能理解符号，比如说图画的意义。理解符号的能力是逐渐发展的，并且受儿童感知符号的经验的多少的影响。研究人员让2岁半和3岁的孩子看一个真的房间和一个仿真的房间模型，然后指着房间模型里的一件家具，让孩子去真实的房间里寻找藏起来的玩具。结果2岁半的孩子只有不到20%找到了玩具，而3岁的孩子找到玩具的达到80%。在这项研究中，不论2岁半还是3岁的孩子，都能记住藏玩具的地方，所以并不是记忆方面的问题，造成这种差异的原因是2岁半的孩子不能像3岁的孩子那样将模型和实物联系到一起。

能够在符号和实物之间建立相应的联系，是儿童智力发展的一个重大进步，这也正是阅读理解和数学计算的基础。

速读训练

速读是一种阅读技能，而且已有不短的历史了。现在国内外不少地方有不少人在进行这方面的训练。

通过速读训练可以显著地提高人的阅读速度。一般情况下，在一分钟内读完1 000～2 000字的材料，并且记住其中的大部分内容，对于普通人来说是比较困难的，但如果经过训练，就会不成问题。虽然能够理解和记住的内容有所差异，但效果是很明显的。一些速读竞赛的程序就是比较参赛者在60秒内读完由1 000～2 000字组成的材料，然后通过对资料的撷取、理解和判断的测定来评分，选出读得快、理解得也快的速读优胜者。从脑科学的角度来看，速读训练对于大脑的开发有促进作用。

7. 通过汉字阅读开发大脑机能

表音文字：即拼音文字，指可以通过一定规则，依据组成字词的成分（多为字母）的排列进行拼读的文字。

可以说汉字是目前世界上唯一的非**表音文字**系统。虽然它不是人类创造的最早的文字，但其他几种最初的文字都随着时间的推移而逐渐消亡了。只有汉字，从最早的象形文字开始，历经漫长的历史，尽管已经变化了很多，但是一直没有间断，创造了历史上文字演化的奇迹，它的源头可以追溯到4 000多年以前。汉字对亚洲的影响非常大，形成了汉字文化圈。到目前为止，韩国文字中仍旧使用部分汉字，日本文字中的一部分仍旧是汉字。汉字之所以没有间断，是与它本身的特点分不开的。

中国是一个大国，语言上早就分化成不同的方言，目前有七大方言。说不同方言的人在语音上是难以交流的，比如说广东话的人就理解不了上海话。怎么办呢，不要紧，这就是秦始皇统一汉字的功劳了。不论是哪一种方言，它的文字系统都是汉字。这样，说广东话的人就可以通过汉字把意思传达给说上海话的人了。

汉字的问题主要源自它的非表音特征，它是表意的文字体系。对于汉字的这个主要特征，我们要一分为二地看待。从文字发展的方向看，它并不是一种先进的文字，但从其他方面考虑，它也有明显的优点。而且，这个优点还与我们的大脑有相当大的关系，这就涉及我们下面要谈的能不能通过汉字开发大脑的问题。

20世纪70年代，美国科学杂志上刊登了一篇研究报告，内容是针对阅读障碍进行的矫治实验，阅读障碍在国外是家喻户晓的常见学习障碍，家长和学校的老师对这种障碍十分头痛。研究者用汉字作为辅助手段，帮助有阅读障碍的患者学习英文阅读，结果阅读障碍的症状得到了明显的改善。结合另一个现象，即在使用汉字的地区，至少学校老师们对以西方标准定义的阅读障碍并不熟悉的事实，我们可以推得一个十分可能的情况：中文阅读时的大脑机制和拼音文字的阅读有所不同，汉字阅读改善西文阅读障碍的实验结果正是使用不同的大脑功能的表现。

这给了我们一个很好的提示，我们为什么不通过汉字阅读来开发人类大脑的功能呢？这应该也完全可以成为一个简便易行的脑开发实用手段。

汉字开发大脑机能的原理

神经心理学家通过大量速示实验，即快速地以短于两眼球转动的时间，通常为180毫秒，呈现给受试者左视野和右视野汉字或图形，通过反应时间和错误率，可以检测对于汉字来说大脑以哪一侧半球为主来处理。因为左视野的信息传到右半球，右视野的信息则传到左半球，对左视野和右视野信息处理上的速度和正误率正好可以反映出哪一侧半球适合哪一类信息。实验结果发现，阅读汉字时，虽然左脑处于主导地位（这一点和拼音文字是一致的），但右脑也在一定程度上参与了信息处理的过程（这一点与拼音文字有很大的差别）。不论是从反应时间上还是从错误率上，统计结果都显示汉字信息处理时大脑两半球的偏侧化程度与西方文字有一定的差异。由于汉字在一定程度上还具有形象的特征，不是单纯的拼音文字，人类大脑右半球在处理形象信息方面的优势肯定会有所表现。换句话说，在阅读汉字时，两个大脑半球都在活动，至少比处理拼音文字时程度高一些。

语音转换机制：
人们在阅读拼音文字时可以通过拼音规则读出字词的发音，由于汉字不是由字母组成的，所以没有这样的语音转换机制。

另外，汉字由于没有**语音转换机制**，更多地需要对字形的感知和把握，因而很可能调动了更多的成分或不同的区域参与处理。从这个角度出发，我们也就不难理解为什么汉字阅读可以改善阅读障碍的症状了，而它在开发大脑方面的机理也比较清楚了，即调动了两个半球的机能，以及更多的形象和语义方面的参与。汉字阅读时更多地需要对文字的形状结构的认知，这有利于人的视知觉的发展，恰恰也是大脑认知功能的一个重要方面。

8. 不可忽略的书写机能

书写机能涉及两方面的内容，一个方面侧重于语言学机能，另一个方面涉及精细动作。不论是哪方面的内容，都是人类长期进化形成的重要的信息处理和认知操作技能。这些技能应该保持和继续发展，不应让其随着现代科技的发展，由于电脑的广泛使用和打字的普及而发生退化。

从脑功能开发的角度出发，对于儿童，我们更要主动地进行书写机能的训练。由于书写技能与精细动作的发展密切相关，当儿童的精细动作没有发展到一定程度的时候，过早地进行书写训练也不现实，但是当儿童的精细动作有了一定的发展时，就不要耽搁了，因为书写也是一种言语机能活动，它还可以促进其他言语机能，即口语和阅读机能的发展。另外，书写训练本身也是一种精细动作的训练，它对于人的精细动作还可以产生相辅相成的作用。具体来说，书写训练在幼儿园阶段就可以开始，至少在学前班就完全可以进行了。

9. 矫治阅读障碍

小L是一名四年级男生，今年10岁。他学习上的偏科情况很明显，数学成绩在班里居中上，考试时一般问题不大，平时做题也不慢。但是语文就不成了，平时上课他最怕老师叫他读课文，因为他总读不好，做作业也很慢，考试成绩在班里总是倒数几名，最近一次还没有及格。老师反映他脑子不慢，可就是不知为什么语文成绩这么差。为此，他爸爸带着他到医院找到神经心理医生。他的神经系统检查正常，智商分值为108。问题出在他对相仿的汉字难于分辨，对相仿的字母经常混淆，拼音作业错误很多，文字阅读速度极慢。进一步的神经心理测查，发现他是**强左利**，由于学校要求必须用右手写字，在他改手的阶段曾出现过一时性的言语表达障碍（口吃）。根据检查，小L被诊断为典型的阅读障碍，应该进行认知神经心理矫治。为此，医生为他设计了针对偏侧问题的单侧脑刺激训练方案。家长在医生的指导下，对他进行了几个月的强化训练，现在，小L的阅读速度已达到同龄正常水平，语文成绩有了明显的提高。

强左利：指在生活中的各种活动中都习惯于用左手的一种左利状况。

什么是阅读障碍？

阅读障碍在使用拼音文字的国家里十分常见，已经成为一个社会关注的问题。不少国家还有专门的机构从事有关阅读障碍的咨询和研究，并对阅读障碍患者提供相关的服务。

我们中国人使用的汉字，与英文、德文、法文等拼音文字有很大的不同，拼音文字有一个拼读规则，看到一个词，即使你不认得，你也可以读出它的音来，而且在大多数情况下，你的发音是完全正确的。但汉字就完全不同了，当你看到一个不认识的汉字时，在多数情况下，你是不清楚它的正确发音的。因为汉字没有类似拼音文字的那种拼读规则。这种语言文字上的差异在一定程度上与阅读障碍的发生有所关联。人们发现，阅读障碍在中国的发生率比使用拼音文字的国家低。日本使用部分汉字，那里出现阅读障碍的人也少一些。当然我们不能据此认为，阅读障碍是拼音文字特有的一种学习障碍，因为已有不少研究发现，汉语同样有阅读方面的问题，而且也不少，只不过表现形式有所不同而已。汉语阅读障碍患者的汉字的偏旁部首错位、汉字记忆障碍等问题正有待专家们进行深入的研究。

产生阅读障碍的原因是什么？

相当一部分阅读障碍的儿童有大脑机能上的问题。研究发现，在阅读障碍的儿童中，一些人在出生时有过**产伤**，还有一些阅读障碍患者的短时记忆空间太小。另外，在阅读障碍的人群中左利者也比较多见，特别是有一些患者经历过换手的过程。

产伤：孩子在出生过程中遭受的各种伤害。

阅读障碍是一种令人头疼的机能障碍，它严重影响人的学业。如果有了这种障碍，最好能到专门的机构，由专业人员进行矫治。

对阅读障碍的治疗有各种方法，最有效的是进行神经心理学的训练。具体内容有单侧脑的训练、短时记忆的扩充等。

怎么做？
——加强孩子言语能力的训练

言语环境对于脑的发育和智能的发展十分重要。

汉字主要是由左脑进行处理的。

由于汉字本身的特点，阅读汉字可以提高大脑的功能，速读可以提高大脑对文字的处理速度。书写机能是脑的言语机能的重要组成部分，但是随着电脑的普及，这种人类特有的机能正在退化，所以应该重视培养儿童的书写能力。

1. 闪读汉字训练

根据左脑处理汉字、右脑处理图像的原理，采用速示的方式可以准确地把汉字投射到左侧半球，图形投射到右侧半球，这样可以非常有效地提高孩子认读汉字的速度。找一些白色的硬纸板，在中间划上一条线，在线的右侧写上要教的汉字，在左侧贴上与该汉字相对应的图片，以短于一秒的时间迅速地呈现给孩子，让他认出并读出来。实践证明，这是一种很有效的训练大脑的方法。

2. 写大字训练

大字训练是写字的基本功，当孩子掌握了基本的写字规则，认识了一些基本的常用汉字以后，就可以进行写大字训练了。

3. 扩大语词量的游戏

（1）以音节诱导的扩充：让孩子尽可能多地在一分钟内

第八章　脑开发与语文能力培养

说出以某一个音开头的词来，家长做记录。比如说出以he这个音节开头的词汇，"合作""和平""和气""河水""河马"等。

（2）以事物的范畴诱导的扩充：让孩子尽可能多地在一分钟内说出某类事物的名称。比如说出水果的品种，"苹果""葡萄""香蕉""西瓜""梨"等。

第九章
脑开发与外语能力培养

 **脑科学提要：**

- ➢ 人脑具备掌握多种语言的潜力
- ➢ 外语和母语在大脑上的定位十分接近，但并不完全重合，比如脑损伤导致失语的时候，外语和母语受到损害的程度并不一样，通常情况下是母语保持得比外来语好
- ➢ 学习外语可以促进大脑的发展，特别是言语感知和表达机能
- ➢ 外语学习对其他认知机能也有明显的促进作用，特别是对于人的记忆机能
- ➢ 一些天才人物往往是掌握两种或多种语言的人

1. 人脑的外语潜力

人脑具有先天的言语机制，这种机制可以使人类掌握多种语言系统。我们见到的许多天才人物都有一个很明显的特征，就是他们往往都会说多种语言，而且在他们还很小的时候，就表现出掌握多种语言的能力。其实，这并不仅限于那些天才人物，对于我们普通人，也一样可以表现出语言的天赋，只要我们的家长注意在这方面给予幼儿发展的机会就行。因为我们人类天生具有掌握语言的能力，只要条件合适，这种能力就可以发挥出来。最容易表现的，大概就是外语的掌握了。

研究发现，控制外语和母语的区域在人脑上十分接近，但不是完全重合。比如说，当脑的特定部位由于脑血管或其他原因被破坏时，会出现母语和外语的分离现象，虽然两种语言机能都可能受到损害，出现障碍，但是障碍的程度往往有较大的差别。一般情况下，母语机能保持得比较好，外语发生障碍的状况相对较为严重。

实验研究和社会观察发现，外语学习对于人的语言机能本身有明显的促进作用，很多外语学得好的人，言语的表达和感受能力作为一个整体都获得了不小的提高。用通俗的话来说，就是言语机能开窍了。

2. 外语学习的关键期

外语学习十分重要，这已得到了人们的公认，而且也都同意外语教育应该尽早开始。但是早到什么时候最为合适？这是困扰广大家长和老师的一个问题。

这里有两个问题。一个问题是母语和外语这两种语言究竟应该同时开始还是一先一后地进行。对此人们目前还没有取得一致的看法。现在有两种不同的观点：一种认为两种语言可以同时进行，也就是说，当孩子学说本国话的时候，就开始进行第二语言的教育；另一种观点认为，最好要等儿童的母语建立了基础以后再开始外语教育。对于这两种观点，我们比较赞同第二种。首先，从实用的角度出发，第二种观点或做法更现实一些。因为我们不大可能在孩子刚开始说话的时候，就找到合适的环境和条件，同时开始第二外语的教育。此外，还有一些实际发生的情况，支持第二种做法。

英国的研究人员对一些地区的小学进行学习障碍状况的调研，结果发现，很多有学习障碍的学生都来自**孟加拉人**家庭，在排除了各种可能的因素以外，只剩下一个语言学的原因了。他们发现，这些孟加拉人家庭在子女的语言习得上有一个共同的环境特点，就是在家里他们都说孟加拉语，而在家庭以外，则全说英语，而且是从孩子很小的时候，当刚开始说话的时候就接触这样的情境了。专家们分析的结果是：恰恰是这种同时接受两种语言的情况，造成了孟加拉人的子女在后来上小学时出现了学业上的困难。为什么呢，因为我们的多种认知机能都在相当程度上依靠语言机能的发展，而语言机能的内容中对语义的掌握又是一个关键的环节。比如说，对于一个概念的理解，就需要人对其有准确的语义定义。设想一下，当你初次接触一个苹果的时候，你要对此有认知，形成一个关于苹果的概念，如果这时有两个词汇同时出现，一个是用孟加

> 孟加拉人：孟加拉裔人。孟加拉国有不少人移民到英国，他们现在已构成英国的主要少数民族之一。

拉语表示的苹果，另一个是英语，即apple，对此孩子自然会感到迷惑：苹果到底应与哪一个词汇产生对应关系，归属于哪一个呢？这势必会在幼儿对苹果的认知结构上造成一定程度的理解上的混乱。现在看来，对一个事物，或一个物体，应该有一个与其对应的清楚明白的定义或认知，这对于以后的概念体系的形成和多种认知机能的形成都是很重要的，因为它会保证一个坚实的认知基础。这种基础的建立自然就是人类的母语。由于孟加拉人子女在这种言语理解方面的混乱，所以他们在上学时，由于概念掌握上的问题，容易有学习上的障碍。从这个研究中，我们可以提出一个相对保守但却对认知的健康发展比较保险的决策：第二语言的学习最好是在母语的基础已基本上建立了之后再进行。

第二个问题是，如果我们采用在母语的发展有了一定基础后再进行外语学习的方法，同样也有一个什么时候开始进行最好的问题。现在看来，5岁左右就可以开始了，不要等到上小学了才开始，那时已经有点晚了。国内外大量教育实践表明，在幼儿园阶段开始第二外语教育会收到很好的效果，这也是为什么近年来，双语幼儿园大量涌现的一个原因。目前，幼儿园的外语教育已经成为一个重要的早期教育的内容。

3. 第二语言教育的关键内容

解决了什么时间开始第二外语教育的问题，接下来的问题就是第二语言学习的主要内容应该是什么。

这是一个很重要的问题。以前人们对这个问题想得不多，认为学习语言，当然要能看，能听，能写，但哪一个是最重要的，在学术界和实际的教学工作中都有不同的观点和做法。对于成人来说，人们习惯上把重点放到了读和写这两种技能上，这是合情合理的。因为成人学习外语往往是工作上的需求，他们最想掌握的也可以说是学习外语的一个主要动机，是能看得懂，能表达得出来，这样就可以与外国人进行书面的交流。对于很多学习外语的成年人来说，与外国人进行书面交流是最为重要的方式。与这种书面语学习相对应的是，人们很自然地就在教学中对语法等方面的内容有所偏重。但是，这样就会出现所谓的"哑巴英语"，能看能写但是不能进行口头交流。

我们要特别注意的是，这种情况与儿童学习外语的要求是完全不同的，因为儿童学外语的主要目的与成人不一样，不应该是读和写，而应该是听和说。所以，对于儿童来说，外语学习的主要内容应该围绕着怎样把外语作为一种口头交流的工具来考虑。

4. 外语学习对其他智能的正迁移作用

人们的研究和实践发现，学外语不仅仅是掌握一种交流的工具，同时它还能对人的其他认知功能产生积极的影响。用心理学的术语讲，这是由于外语学习对人的其他认知机能产生了**正迁移**作用。

其中的道理并不复杂，主要有两方面的原因：一方面是因为学外语的过程中，训练了言语机能、注意机能、记忆机能，以及其他相关的认知机能，这些受到训练的机能在学外语的过程中也会得到提高；另一方面，语言与其他认知机能的关系十分密切，语言与思维的关系就是最好的例子，学习和掌握一门外语本身就是一种使人包括思维活动在内的其他认知机能更为丰富的手段。从我们大家耳闻目睹的事例中也可以证明学习外语对其他机能的正迁移作用。比如我们在前面提到的包括卡尔·威特在内的一些成功的教育事例，这些优秀的人才的一个很重要的表现是往往不光会一国外语，而是会好几国语言。所以多学外语好处多多，可以大胆地多教孩子学外语。

正迁移：迁移指的是一种功能训练的结果对另一种功能活动的影响作用。迁移有两种类型，一种是产生促进作用的正迁移，另一种是产生干扰作用的负迁移。

怎么做?
——创造良好的语言环境

> 外语学习可以促进大脑功能的发展。
>
> 外语学习除了能够提高人的一般言语机能以外,还可以促进其他认知机能,比如记忆等方面的发展。
>
> 外语学习要早,最好在幼儿园阶段就开始进行。
>
> "听"和"说"是外语学习的关键环节,应该以"听""说"促进"读""写"。

1. 给孩子提供一个理想的外语语音环境

这个环境在孩子刚开始学习外语时更为关键,家长需要关注的核心是语音的发展。儿童外语学习的主要内容是"听"和"说"。"听"和"说"的基础是一个发育良好的外语语音系统。选择一个理想的双语幼儿园,或是一名合格的外语教师,条件许可的情况下,也可以考虑"洋家教"。让孩子从小打下一个坚实的语音基础。

2. 给孩子创造一个可以积极练习的机会

外语是一种交流工具,是一种言语技能,给孩子创造一个可以交互进行"听"和"说"的环境。"英语角"就是一个不错的地方,可以让孩子在真实的交流中掌握外语。

第十章
脑开发与数学能力培养

 脑科学提要：

➢ 大脑的额叶和顶叶在数学活动中都有重要的作用

➢ 数学活动不单是在左半脑，右半脑也同样需要参与

➢ 计算机能包括至少两种：一种是精算，另一种是估算。过去我们对于精算过于偏重，现在看来，估算也是不可忽视的重要的数学机能，它更多地与大脑的额叶相关

➢ 脑的不同部位的损伤可以导致不同类型的计算障碍：

　　单纯性的计算障碍

　　空间性的计算障碍

　　与数字认知相关的计算障碍

➢ 这些不同类型的失算症表明，数学是一个很复杂的由多种认知活动组成的功能系统，因此数学机能的训练也是多方面的过程

1. 脑的数学机能

近年来，对于数学的脑机制的研究取得了很多进展，对数学机能的脑定位有了更准确的观察和结论。现在看来，大脑的下述几个结构和区域与我们的数学机能有直接的联系。首先是额叶。目前看来，额叶是与我们的数学机能关系最为密切的一个大脑区域。其次是顶叶，脑的这个区域与我们日常进行的各种计算和数学活动是密不可分的。此外，在谈到数学的脑机制的时候，我们还需要重新审视左右半球的问题。研究发现，数学机能不单是左脑的功能，右脑也起着重要作用。

很多资料来自临床脑损伤所出现的计算障碍。现在发现，当脑的不同部位损伤后，会产生不同类型的计算障碍，临床上叫作失算症。有一种失算症表现得比较单纯，就是计算活动本身出了问题，病人认得数字，读数、认数、写数都没有问题，只是计算方法或程序出了问题。我们把这种类型的数学障碍叫作单纯性失算。另一种失算症是与数字的认知障碍相关联的失算症。患者读不了数字，但文字可以读，另外无法理解数学符号，由于不认识数字和数学符号了，当然也就不可能计算了。还有一种失算症是空间操作出了问题，叫作空间性失算症。我们知道数学与空间机能有着密切的关系，空间操作有了障碍，计算也会受到很大的影响。比如说进位，个位和十位或百位都无法分辨，当然结果就算不对了。再有就是一种推理上有了问题的失算症，抽象机能出了障碍，自然应用题也就解决不了了。

造成这些不同类型的失算症的脑部位损伤是不一样的：右脑损伤多造成空间性的计算障碍，额叶损伤多造成推理障碍性的失算，左侧顶叶和颞叶等部位的损伤会导致数字符号的问题和单纯性的失算。

所以，数学是一项很复杂的过程，脑的很多部位都参与了。对于详细的哪个部位起什么作用，正是科学家要深入研究的内容。

2. 数学机能发展的关键期

儿童对数量的认知有一个发展过程，这个过程可以分为辨数、认数和点数三个阶段。

辨数指的是区别两个集合中的元素的数量的多和少。辨数的发展最早，许多1岁多的孩子就已经能够正确分辨物品的多和少了，辨数发展的关键期是在2岁左右。

认数指的是不用点数而凭直觉认识集合中元素的数目。认数的发展比辨数晚一些，但比点数早，认数发展的关键期是在3岁左右。

点数指的是逐一按物数数，并说出总数是几个。需要注意的是，按物数数和说出总数是两个不同的过程，按物数数在先，说出总数在后。点数发展的关键期是在3岁半左右。

数概念的掌握

儿童对数概念的掌握包括两个基本内容：一个是基数，另一个是序数。基数指的是一个数的大小，序数指的是数与数之间的先后顺序。儿童基数概念的萌发要比序数概念早一些。

数数是儿童认识"基数"概念的开始。

一般情况下，孩子要长到2岁左右的时候才能够学会数数。数数是我们人类数学机能发展历程中的第一个重要的里程碑。

研究表明，儿童数数的时候，一般要遵循以下五个基本的规则：第一个规则是一个数对应一个物体，第二个规则是数与数之间有一定的顺序，第三个规则是数数时数到的最后一个数就代表了这个数列所含的个数，第四个规则是数数的方法可以用于任何数列，最后一个规则是数数时不论从什么地方数都行，也就是说一个数列的长短与从什么地方开始数数没有关系。这五个规则的认知是掌握数数技能的关键。研究发现，儿童在5岁左右的时候已经掌握这五个规则了，数数实践会使儿童更好地掌握这些规则。另一方面，一旦掌握了这五个数数的规则，儿童的数数将会更加准确。这提示我们，5岁左右是儿童掌握数数技能的重要时期。

研究表明，儿童是在认知基数之后，才掌握序数概念的，也就是先认识几个，再掌握第几。3岁以前的儿童虽然已经可以辨数和认数了，但几乎没有"第几"的概念。

儿童序数概念发展的高峰出现在学前期，有人曾对3岁、4岁、5岁三个年龄段的儿童进行研究，要求他们对36组从数字1～9的组合进行大小的比较。结果发现，3岁儿童的正确率在50％左右，4～5岁的儿童则达到了80％。这说明5岁左右的儿童，其序数概念已有了显著的发展。

儿童是如何掌握序数概念的呢？研究发现，当成人教儿童学习序数时，常使用这样一种方法，即将要教的每个数字与客观实物对应起来，比如说，5这个数字就对应于5个苹果或5个杯子，6就对应于6个苹果。由于这时的儿童已经认识到"大"与"多"相关，"小"与"少"相关，这样他们就可以借助实物，理解每个数字的大小的含义，以及数字与数字之间的顺序关系，这样也就获得了序数的概念。

为什么说孩子会数数并不一定是理解数字了？

不少家长们发现，三四岁的孩子已经可以数10以内的数了。但孩子是不是真的理解了这些数呢？也就是说，他们是否理解了我们成人所理解的数量呢？这可不一定。因为数数字和了解数字还不是一回事。

我们可以做个小测验，让孩子找出5个东西来，孩子会找出完全相同的5个物体来，比如说5个石头或者5个苹果，但如果给孩子呈现不同的东西，而相同的物体又不够5个的时候，孩子可能会说找不出来。这说明孩子理解的数字5与我们成人理解的不一样。孩子此时对数量的理解还离不开具体的实物，他们对数量的理解还没有上升到数字的抽象意义的程度。

要想让孩子真正了解数字，真正认识数量的概念，就需要让孩子自己有个抽象化过程，家长要帮助孩子完成这个抽象化过程。家长在教孩子数字的时候，要用不同的物体、不同形状的东西，比如说在教孩子数字3时，就不能仅仅满足于孩子可以找出3个相同的苹果、3块相同的石头，还要让孩子学会能够在各种不同的物品中选出3个东西来。对于孩子是不是真的理解了，你可以看看孩子是不是每次都是选了同样的东西，如果每次都不一样，但数量是一样的，就说明孩子了解了3这个数字的抽象意义。

3. 什么是珠心算？珠心算训练可以开发大脑吗？

珠心算是珠算式心算的简称。这是一种民间流传的快速计算的技法，是传统珠算技术的一项变革，是珠算发展史上的一个新的里程碑。它以珠算为基础，通过专门的训练，将传统的手拨算珠变换成大脑的意象运作活动，形象地说就是在脑子里完成快速打算盘的过程。

珠心算的训练过程要经过几个步骤，首先是实际拨珠训练，然后模拟拨珠训练，再过渡到**映象**拨珠，这是核心训练，通过大量的练习，最终在脑中形成珠象运动，并成为进行计算操作的一种能力。

珠心算的速算效果是十分明显的，其计算的速度大大高于普通的计

映象：在头脑中形成的关于外界事物的形象，和表象是同样的意思。

算过程。珠心算教学在国内许多地区以及亚洲一些国家得到了推广。教学实践证明，这种训练可以培养学生以令人惊奇的速度进行大数目的四则运算。人们自然会想到，珠心算仅仅只有速算效果吗？珠心算对人脑的其他机能有没有作用呢？可不可以通过珠心算对大脑进行开发呢？对此我们进行了初步的实验研究。

我们的实验是在两组儿童中进行的，一个是实验组，由经过三年珠心算训练的10名儿童组成；另一个是对照组，由同龄同校但没有接受过珠心算训练的12名儿童组成。我们对这两组学生进行了一系列神经心理学的测试，目的是想看一看珠心算训练对儿童大脑的认知功能有哪些作用。

这些测试是：①数字计算测验；②一般认知能力测验，其中包括数字记忆广度测验、注意划消测验和搜索任务测验；③YWG神经心理测验（电脑化的脑机能测评系统），其中包括：图像记忆测评、汉字记忆测评、大脑偏侧化趋势测评。我们不知道儿童在进行珠心算运作时大脑是怎样处理信息的，但我们可以通过**眼动仪**进行眼球运动的观测，所以在让孩子进行数字计算和任务搜索的作业时，我们用一台敏感的眼动仪进行记录，看看他们的眼动轨迹和没有经过训练的儿童有什么不同，因为这会告诉我们这些儿童是用什么方式进行信息加工的。

以下是我们的部分测试结果：

（1）在数学计算测试方面，经过珠心算训练的儿童与未经过珠心算训练的儿童在正确率和计算速度上存在明显的差别。实验组儿童的正确率和计算速度都显著高于对照组。前者的正确率为82%，后者仅为1%。另外，实验组儿童的眼动轨迹与对照组不同。前者注视呈现的数字所需要的时间也明显地少于后者。接受过珠心算训练的儿童的眼动轨迹呈现一种横向扫描的方式，而未经过训练的儿童则呈现竖向扫描的模式。这表明，训练后的儿童会采用与普通儿童不同的信息采集方式。

眼动仪：一种心理学实验仪器，主要用来记录人眼在看东西时眼球的运动轨迹、注视点以及注视停留时间等。

（2）在一般能力测验方面，实验组的平均记忆广度比对照组大，划消测验实验组的成绩高于对照组；在搜索任务实验中，实验组的儿童平均速度也快于对照组。

这三项结果提示实验组比对照组在记忆广度、注意的集中性和选择灵活性方面均有优势。

（3）采用YWG神经心理测评系统对两个组的儿童进行脑功能评定，结果发现，在图像记忆和汉字记忆两项测验中，两组儿童在反应时间和正误率上没有显著差别，但在脑**偏侧化**测试中实验组的儿童显示出更为明显的偏侧化成熟趋向。偏侧化成熟趋向越明显，表示大脑功能的左右分化越明确，这样，大脑两半球相辅相成、相反相成的活动才能够更有效地展现，大脑的功能也就会发挥得更好。

偏侧化：指大脑左半球与右半球在功能上不断分化，各自向其优势方向发展。

对于珠心算是否可以提高儿童的大脑机能进行科学研究是一项复杂和长期的工作。我们的这个结果只是一个初步的探索。这个结果提示珠心算训练对儿童的认知机能有促进的作用，对大脑的偏侧化进程也有一定的效果。当然这只是一个初步的研究，被试数量有限，涉及的方面也还不够全面，所以还需要做进一步深入的研究。

4. 精算与估算

脑科学的研究发现，人类的计算机能至少包括两个不同的方面：一是精确的计算，比如说3×5=15，15是一个精确的数字；另一个方面是粗略的计算，比如，若问你从家里走路走到动物园需要多少分钟，你绝不会给出十分准确的数字，却可以估计出一个大致的时间范围，这就是估算。估算和精算一样，对于人的生活和工作都是十分重要的，但是长期以来，直到现在也是一样，学校的教育对于精算的重视程度远远大于估算。不过，随着脑科学和教育科学的发展，人们越来越重视估算，估算在教学中的比重也远比以前大得多了。

精算和估算不是一种过程，脑的定位也不在一个地方。估算比精算更依靠大脑额叶的机能。在临床上，对估算机能的测定也是评定额叶机能的一个敏感的方法。由于其大脑的负责区域不一样，更重要的是考虑到在人类实际生活中的意义，估算的训练应该成为开发大脑的数学机能的一个十分重要的方面。

5. 矫治数学障碍

小Z是个很文静的女孩，现在11岁了。她的父母都是知识分子，对她的教育比较重视。当她很小的时候，父母常把她关在屋里，让她看书，不让她同外面的孩子玩。她喜欢娃娃，爱看书，但不爱玩，喜欢安静的事物，不喜欢动手的游戏。当别人家的孩子在外面玩滑梯、捉迷藏时，她却在家里写字看书。刚上学的时候，她已认识不少汉字了，老师表扬她聪明，同学也羡慕她，说她聪明。在小学一二年级的时候，她的学习成绩都还不错，但她不爱上手工和图画课，这两种课程的成绩也不好。从三年级开始，她的数学成绩开始有些下降，在四年级时，问题突出了。她的语文成绩远远高于数学成绩，形成了极大的反差。为此，家长和老师很着急，家长还给她请了家庭教师，但是最近一次考试，她的数学成绩又是全班倒数第二名。这次家长把她带到**神经心理中心**来进行治疗。

医生先对她进行了智商测定，她的智商并不低，是102分。但是仔细地一分析，就发现了问题：智商测定有两个分值，一个是反映言语机能的，她得分比较高；另一个是反映非言语方面的认知操作的，她得分比较低。此外，大夫还给她做了一系列神经心理方面的测评，最后她被确诊为数学障碍。随后，大夫为她制定了训练处方，家长按着处方进行

神经心理中心： 应用神经心理学的理论和技术对脑功能障碍进行诊断和治疗的机构。

了近一年的训练，在接下来的数学考试中，她的成绩终于追上来了，现在她的语文成绩和数学成绩已经基本上达到了相同的水平。

什么是数学障碍？

数学障碍是一种比较常见的学习障碍。但是由于各种原因，人们对它的重视程度不够。我国在这方面开展的科学研究和教育实践同欧美国家相比，尚有不小的差距；对于国际上在这方面的研究进展，特别是从神经心理学方面开展的探索，介绍得也很不够。在临床和学校的教学工作中，众多的数学障碍儿童已经使这方面的问题变得十分突出了，相当多的家长和老师都已注意到，许多儿童学习成绩的主要问题是数学困难，数算不对，应用题解不了。但是不少数学障碍儿童被划归到多动症和注意障碍的范畴，有的被定为感觉统合问题。然而在经过相当时间的感觉统合训练之后，他们在数学方面的障碍仍然没有得到改善。

现在的研究揭示，数学障碍是一种专门的学习障碍，与多动症不是一回事，与感觉统合失调也没有什么关联。人们的研究还发现，数学障碍不是一种单一机能的障碍，它还有不同的类型，不同类型的数学障碍不仅有不同的表现形式，更为重要的是还有不同的发生机制。

孩子有了数学障碍怎么办？

如果孩子有数学障碍，需要去医疗部门或专业机构进行专门的矫治。在矫治过程中，首先需要确定是哪一种类型的数学障碍。数学障碍有以下几种不同的类型：

（1）以空间运作困难为主的数学障碍；

（2）以解决问题困难为主的数学障碍；

（3）以数学运算本身问题为主的数学障碍。

然后，针对这些类型的主要障碍环节，选择相应的结构性训练、空间操作以及记忆扩充等不同的训练方法,进行神经心理矫治。矫治的效果一般都很不错的。

怎么做？
——提高孩子数学能力的训练

> 估算和精算是人类计算活动的两个方面,不可忽视重要的估算机能。
>
> 数学机能需要早期开发,开发的方法要符合孩子对数学机能掌握的规律。应依据数学机能发展的关键期,循序渐进地进行科学的数学机能训练。
>
> 珠心算可以提高孩子的计算速度,更为重要的是,珠心算训练可以提高其他认知机能。

1. 在幼儿园时期,适时开展相应的数学机能训练。

在孩子2岁左右的时候,让孩子学会辨数。在孩子3岁左右的时候,进行认数和点数的训练。当孩子5岁的时候,大量进行数数的练习和游戏。

2. 经常进行估算训练,每周都做。

可以采用游戏的形式,家长和孩子一起进行,比如,估计家人从商店回到家里,或是从家里走到附近某处,大概需要多少分钟,然后评定一下,看一看谁估算得更准确。

3. 适量进行一些珠心算训练。

4. 每个月检查一次孩子的学习成绩。

检查时关注的不是孩子是不是得了一百分,而是他有没有偏科的情况,也就是语文和数学的成绩差别大不大。一旦发现差别很大,就要及时注意了。应随时关注孩子的学习情况,当发现孩子的数学成绩明显落后同龄学生持续两年以上,那就要考虑是不是有数学障碍了。如果有,就要及早进行矫治。

第十一章
脑开发与思维能力提升

 **脑科学提要：**

➢ 人类的思维活动是一个非常复杂的过程，它包括从概念的形成到问题解决的各个环节，涉及人的多种认知过程

➢ 思维的神经机制是一个十分复杂的课题，现在看来，脑的许多部位都参与了人的思维活动过程，特别是人的大脑额叶

➢ 额叶可以说是大脑的最高司令部，它的主要功能包括计划、组织、监察和执行

➢ 额叶机能的发育成熟期较长，一般要到25岁才完成。因此，脑功能开发是一个长期的过程

➢ 中学阶段开发大脑机能的主要任务就是开发大脑的额叶机能

1. 思维过程的脑机制

要想通过大脑的开发来促进思维的发展，必须要了解思维的脑机制，了解脑的哪些部位对思维过程来讲更为重要。同时，这也会在更深的层次上加深我们对思维过程的理解，为我们制订思维开发训练的计划提供科学的依据。

问题解决

问题解决是思维活动的主要表现形式，也是思维活动的主要目的。人类的思维活动在大多数情景下都是一个解决问题的过程。清楚了解决问题的脑机制，也就找到了思维的脑机制的核心内容。我们先来认识一下人在解决问题时都需要哪些基本的环节，然后找出这些环节都与哪些脑的结构和过程相关。

> **模块化过程：** 固定的思维操作模式，其基础是大脑中形成的比较固定化的认知神经网络。

问题解决包含多种基本的认知机能，同时需要**模块化过程**和对这些基本机能的调节和控制。这些机能需要在适当的时刻出现。此外，机能之间的变换还需要具有相当程度的灵活性。认知机能的组织在问题解决过程中是一个十分关键的环节。认知机能的组织有两种基本的形式：一种是习惯性的组织，另一种则是创新式的组织。前一种构造了一般性的思维，后一种则形成了创造性的思维过程。通常认为，一般性的思维的认知机能的组织是在记忆中存储下来的一些固定通路，比如早晨起来沿着一定的路线上学去的习惯性行为就是很好的例子。这就像一个计算机程序一样，各种程序的组成部分，在时机合适的时候会被呼唤出来，并在恰当的地点参与行动。严格来讲，这种认知活动并不是真正意义上的思维，只是一个习惯性的有目的的行为。真正的思维是当我们面对一个新的环境时，需要我们做出某些决定的时候出现的心理活动过程。这时，需要我们重新组织原来固定的认知机能，改变旧有的固定做法，开始一个新的行动。

在临床上可以见到患者由于大脑的损伤而导致在问题解决方面出现明显的障碍。这些障碍尤其在旧有的行为方式或处理事情的方法已不再适用，需要采用新的策略时，表现最为突出。值得一提的是，解决这类问题的障碍对患者日常生活所造成的困难，往往比在医院或诊所中通过普通智力测验所反映出来的困难更为严重。有些时候，普通智力测验可以给出正常的分数，但病人在实际生活中，在遇到需要开动脑筋解决一些实际问题时，常会出现困难。通用的一些智力测验，比如**韦氏智力量表**，一般含有多项认知分组。测验中的题目往往可以用不止一种认知方式来获得正确分数。脑损伤可以导致患者某种或某些认知机能的损坏，不过一般不会造成所有认知机能均出现问题。病人常常保留不止一种认知机能，因而可以通过那些保留完好的认知机能来解答临床上常用的量表中的题目。但这并不等于病人在思维活动中是正常的，只是没有更好的方法把这些问题检测出来。因而，我们要对问题解决的心理机能进行更为深入和实际的研究，至少不能单靠智力测验来评判一个人的思维能力。

不能否认，在这方面，目前仍有很多认识上的问题。不仅在社会上，而且在企事业单位以及学校等教育机构，不少人过分依赖智力测验，在智力测验和思维能力中间画上了等号。对此，我们应有一个比较清楚的认识，并从脑科学的角度出发，正确评价智力测验，客观地分析

韦氏智力量表： 目前国际上最为通用的一种智力测查量表。

思维能力，即看到两者相同的部分，也要看到它们的区别。现在，研究者们已经开发出一些新的测验方法，努力将思维的复杂性纳入可以定量测试的范围。但诚恳地讲，目前所取得的成绩离准确地测定出思维过程各个方面的障碍和问题还有相当大的差距。

问题解决的具体实施有以下几个基本要求或步骤：①将注意过程集中到所要解决的问题上；②对所要解决的问题进行抽象推理；③形成必要的、合适的解决方案或策略；④灵活地依问题的不同而变动策略；⑤对效果进行评估，进而对策略做出相应的修正。这五个方面中的任何一个出了问题，均可导致问题解决障碍。神经心理学的研究提供了这方面的大量临床和实验室资料。

问题解决的脑结构

以上，我们谈了问题解决过程的神经心理研究的行为表现方面的问题。这些揭示了问题解决过程中所必需的一些基本的机能环节。现在需要了解脑的哪些部分同这些基本环节相关联，也就是与问题解决相关的脑的结构问题。

首先涉及的一个问题是大脑的前部和后部的问题。研究发现，当人由于脑损伤而出现各种思维障碍的时候，相关联的脑的病变部位多数位于脑的前部。这并不是说脑的后部损伤不会出现思维障碍，而是从统计上来看，前部损伤比后部损伤更易出现重要的思维环节上的障碍。这里谈的脑的前部主要指的是大脑的额叶。从前面有关对额叶的讨论中，我们已经了解到额叶在人的抽象思维活动中占有相当重要的地位。

关于大脑的左侧和右侧的问题是继前部和后部之后的另一个需要了解的重要内容。多数情况下，大脑左侧的损伤较右侧损伤更易出现各种思维基本环节的障碍。

人脑是非常复杂的器官，思维是人脑的一种高级活动，在进行这种活动时，脑的很多部位均在不同程度上参与并协同活动着。我们这里主要讨论脑的前部和后部，以及左侧半球和右侧半球的问题，是在强调这些部位在思维过程中的重要性，但并没有否定其他部位的作用。事实上，思维活动的正常进行需要的不仅是脑的前部和后部、左侧和右侧的共同活动，还需要上部和下部、外面和内面的共同活动，也就是说缺了哪个部分都会有问题。

2. 思维的发展历程

在前面的章节里，我们曾谈到心理学家皮亚杰关于儿童智能发展的研究，这些研究中很多内容都是围绕着思维展开的。这里我们再从概念、判断和推理的角度对儿童思维发展的大致过程进行一下描述。

概念的发展

概念的形成是一个从具体到抽象的过程，儿童概念形成能力的发展也有一个循序渐进、逐步从只能依据具体的事物到可以脱离开具体事物进而走向抽象的**符号化**的过程。

学龄初期的儿童，思维活动一般还离不开具体的事物，他们往往将概念具体化，把某一概念同一个具体的事物联系在一起。对于概念中的本质内容，即抽象化的核心部分，他们往往难于把握。比如对"鸟"这个概念，七八岁的孩子可以理解为会飞的动物，但是可能会因此把蜜蜂、蝴蝶等归入到鸟的范畴，把鸡、鸭等从鸟类中排除。

随着年龄的增长，儿童的概念形成过程渐渐地脱离开具体的事物的局限，在形象地理解概念的外在特征的同时，逐步可以理解抽象的概念的定义，具备了认识概念的本质特征的能力。这个时期在10岁左右的学龄儿童身上表现得比较明显。比如，这个年龄段的儿童对于"鸟"这个

符号化：将具体的事物与特定的符号系统建立起联系的过程。

概念的理解，已不限于简单的"会飞"这样一个表面的特征，同时还可以说出鸟是脊椎动物的一种以及靠下蛋延续后代等本质内容。

判断的发展

在概念发展的基础上，儿童的判断能力也逐渐发展起来。儿童早期的判断一般都是以他们的主观经验和情绪为依据进行的。这种现象被称作"自我中心"。他们是以自己为核心观察事物的，不能客观地看待事物。儿童早期的判断的另一个特征是，通常都与具体的事物连在一起，是一种形象的、具体化的判断模式。由于生活经验少，不能把事物的本质特征和非本质特征区分开，所以他们形成的判断经常会出现一些令人发笑的错误。

上学以后，儿童的判断能力会在良好的教育背景下迅速提高。10岁以上儿童的判断能力已有了明显的提高。这时，他们已经可以抛开具体的事物，对问题进行分析和理解并做出判断。

推理的发展

从推理的形式上看，儿童首先掌握的是简单的直接推理。比如，由张先生比李先生大可以直接推出李先生比张先生小的结论。随着年龄的增长，他们渐渐掌握了较为复杂的间接推理，可以依据给定的抽象的前提，按一定的规则推演出间接的结论。这种情形在10岁以上的儿童身上就已经可以十分清楚地表现出来了，这个时期的儿童大都可以进行形式逻辑的推理活动，比如对于"张先生比李先生大，李先生比王先生小，那么谁最小？"这样的问题，他们大都可以做出正确的推断。

3. 思维机能的开发

由于脑的各个部位在思维活动中作用不同，开发思维也是对脑的不同部位的开发。我们从前面的讨论中看到，大脑的额叶在思维活动的多个项目中起着作用，因而对额叶的开发是思维训练的一个重要组成部分。同时，由于思维是一个复杂的过程，有众多的脑结构参与其中，所以开发时更需要考虑全脑的开发。

谈脑开发和提高思维能力，我们还要提到与此密切相关的另一个重要问题，即我们可以通过开发与思维活动相关的脑的其他机能来促进人类的多项认知能力的发展，比如言语机能、知觉机能，以及想象机能。因此，开发思维的脑机能实际上是一个十分复杂的系统工程，涉及人的各种认识机能，同时也是一个长期的任务。

最后还要注意，开发思维机能要遵循思维发展的历程进行，也就是要有一个分阶段的计划：首先需要关注的是儿童对于概念的形成能力，随后是判断的能力的培养，最后是推理的机能训练。

怎么做？
——提高孩子解决问题能力的训练

> 思维是一个复杂的过程，人类的思维活动主要体现在问题解决上，问题解决有多个环节，各环节相互联结。
>
> 打破旧有的模式、采用新的模式是问题解决的一个关键环节。思维障碍往往在这里出现问题。

1. 数字—字母转换训练

先通过一些训练让孩子学会特定的数字与字母的对应关

系，比如3与B是对应的，2与C是对应的。然后让他打破这种关系，形成新的数字和字母的关系，比如，3不再与B对应，而是与F对应，2不再与C对应，而是与H对应。通过训练，不断提高孩子形成新的关系的速度。

可以这样来进行具体训练：先让孩子看几张写有数字和字母的卡片，在头脑中形成一定的对应关系，然后让他看几张只有数字没有字母的卡片，问他相应的字母是什么，以此检验他是不是形成了对应关系。当确认他已经形成对应关系后，再告诉他这种关系变了，需要形成新的关系。这时再让他看一些只有数字的卡片，建立新的数字与字母的对应关系，看看他的反应对不对。如果符合新的关系时就说对，不符合的就说错，看看孩子在多少次训练后能掌握新的关系。

这是一种有效开发儿童打破旧有模式、形成新模式的能力的训练技术。

2. 趣味数学应用题训练

鼓励孩子多做一些有趣的数学应用题，这是一种行之有效的思维训练。解数学应用题可以有效地培养儿童形成简单策略的能力，还可以提高对策略的各个步骤进行预测和估计后果的能力。

数学应用题有很多，最好选择那些需要灵活性的题目。因为培养灵活性是问题解决最为重要的方面，灵活地选择适宜的方法和策略是能够有效解决问题的一个基本前提。趣味数学应用题训练的目的，是使儿童有能力灵活地改变或修正不合适的方法，以便适应新的环境和解决新的问题。

第十二章

脑开发与记忆能力培养

 **脑科学提要：**

➢ 语词记忆以左脑为主，形象记忆以右脑为主
➢ 短时记忆和长时记忆由脑的不同部位掌管
➢ 短时记忆到长时记忆的中介是语音复述
➢ 与计算机类似，人的大脑中也有"RAM"，它就是工作记忆的操作空间
➢ 显性记忆和隐性记忆的区分提示我们不仅可以有意地学习和记忆，还可以在无意的状态下学习、掌握信息和技能

1. 人类的记忆机能

记忆的分类

随着脑科学的发展，人们对记忆不断有新的认识，对记忆的分类也不断地出现新的方法。经典的分类是将人类的记忆按照记忆发生和保持时间的长短分为三个阶段，即**瞬时记忆**（也称感觉记忆）、短时记忆和长时记忆。对这种记忆分类方法，人们一般称作记忆的阶段模型。

在这个模型中，第一个阶段是记忆的感觉阶段，这个阶段好比是来自外部环境的信息临时停靠站。在这个阶段，记忆的内容是感觉特异性的，也就是说，信息是根据接受它的感觉通道和状态来存储的。比如，通过人的视觉器官传来的信息就是视觉性的心理表象，信息保持了它的视觉性的形象；通过人的听觉器官传来的信息就是听觉性的心理表象，这类信息保持了它的听觉性的形象。视觉性的信息也被称作"视像记忆"，听觉性信息也被称作"声像记忆"。

第二个阶段是记忆的短时阶段，也称**短时记忆**。短时记忆是一个中继站，待记忆的内容在这里可以被有意识地保存着，并为进入长时记忆做好准备。不过，短时记忆的容量是很有限的。这个有限的容量就是记忆广度。研究发现，人类短时记忆容量是7个信息单位左右，这个记忆广度对于脑功能开发是个比较重要的概念，我们在后面还要较详细地讨

瞬时记忆：指外界刺激以极短的时间一次呈现后，一定数量的信息在感觉通道内迅速被登记并保留一瞬间的记忆。

短时记忆：指人在工作状态下对所需记忆内容的短暂提取与保留。

论这个记忆容量的问题。信息在短时记忆中经过一定的处理可以进入人的长时记忆系统。这里的处理指的是语音处理，最常见的就是复述，当然不一定要复述出声音来，而是一种在头脑内进行的语音转换。这种语音转换是一个十分重要的记忆机制，而且是一个我们可以用来有意识操作的记忆机制。

第三个阶段是**长时记忆**阶段。经过语音转换的信息就进入了人的长时记忆系统。长时记忆与短时记忆相比，最显著的特点是信息容量非常大，而且信息可以在这里被长期保存。不过，在长时记忆里保存的信息并不是一成不变的。经过研究发现，长时记忆里的内容会随着时间的流逝而发生一定程度的变化，所以记住的东西在过了较长时间以后会有所变化。这也说明我们的记忆并不是一个简单的存储容器，记忆是一个主动化的过程。

长时记忆：指学习的材料经过复习或精细复述后，在头脑中长久保持的记忆。

现代的研究揭示出人脑对于不同的记忆内容有着不同的处理方式，发现了对应于不同记忆内容的大脑记忆机制。特别是**临床神经心理学**对记忆的研究，发现人的短时记忆和长时记忆分别由不同的脑部位负责。有的病人短时记忆出了问题，记不住东西，刚刚发生的事情，他马上就会忘掉，比如家里人去医院看望他，有事情出去了十分钟，回来后他就不记得刚刚见过家里人，但是能够记起二十多年前的许多事情，还可以熟练地演奏乐器，表明他以前的技能还保存完好。还有病人丧失了对以前发生的事情的记忆，但是还可以学习新的东西，记住新的事物。这些说明，短时记忆可以和长时记忆分开，是两个不同的系统。

临床神经心理学：通过对脑损伤病人的研究来探讨脑与心理的关系的一门学科。

在对短时记忆的深入研究中，人们认识到可以把短时记忆进一步分为两种不同的类型：一是初始记忆，另一个是工作记忆。所谓初始记忆，指的是信息被动地保存在意识中的记忆过程。工作记忆指的是在信息存储的同时，对信息进行处理或操作的机制，这种机制使信息能够以适宜的方式存储在永久性的长时记忆中。这就涉及组织化和其他相关的信息加工过程。

随着对人类记忆活动的观察和研究的深入，人们还认识到储存在长时记忆里的内容也可以按照它们与脑及认知活动的关系分为不同的类型。于是，在经典的阶段记忆的模型基础上，长时记忆可分为外显性记忆和内隐性记忆，以及情景性记忆和语义性记忆等不同的内容。

所谓外显性记忆，指的是那些进入了人的意识系统的可以用语言表达或描述出来的记忆内容，比如经历过的事件、学习过的知识等。所谓内隐性的记忆，指的是那些人在无意识状态下形成的对一些动作或操作程序的记忆，比如人对某种技巧的掌握、某种习惯的形成等。内隐性记忆是一种不自觉的记忆，外显性的记忆则是人的有意识的活动。外显记忆与内隐记忆的脑机制是不一样的，有很多人在脑部受到损伤的时候，外显记忆常会受到破坏，但内隐记忆往往不受影响。有一些患有老年痴呆症的病人，当外显记忆已经减退到十分严重的地步时，内隐记忆还在相当程度上得以保留。

所谓情景性记忆，指的是与人的经历（包括特定的时间和地方）联系在一起的记忆，比如某一天所做的事，又如什么时候见过某个人或是在什么地方发生的事情。所谓语义性记忆，指的则不一定是人的亲身经历，而是与人的知识相联系的记忆。比如对于什么是四则运算、"马"是什么意思的记忆。又如对于年轻人来说，关于抗日战争是哪一年发生的记忆；对于没有去过英国的人来说，关于英国的首都是哪个城市的记忆等。

此外，记忆的内容还可以分为语词的和形象的两个内容，这种划分也有不同的神经机制作为基础。我们在后面要提到，大脑的不同部位的损伤，分别会造成语词方面的障碍或是形象记忆方面的障碍。

记忆的大脑结构

前面我们提到，短时记忆和长时记忆分别由大脑的不同部位掌管，这是神经心理科学对于记忆的大脑结构的一个重要研究成果，它说明早期我们把人的记忆分为短时记忆和长时记忆是有科学根据的。

除了短时记忆和长时记忆的脑机制不同以外，神经心理科学的研究还发现，人对语词方面的记忆，主要与人的左侧大脑半球相联系，而人对于空间形象方面的记忆则主要同人的右侧大脑半球联系。临床上左脑损伤的患者，多发生语词记忆方面的障碍；而右脑损伤的患者，多发生关于空间事物的记忆障碍。

此外，前面我们提到，内隐性记忆和外显性记忆的大脑机制也是不一样的，两者不同的神经心理机制正是当前脑研究的一个重要的课题。

幼儿什么时候有记忆？

研究发现，记忆的萌芽时期是在幼儿2个月左右的时候。做母亲的可能有这样的经验，如果每天喂奶的时候都采用同一种姿势抱孩子，那么，只要一用这种姿势来抱，2个月左右的孩子可能就把嘴张开了，说明他知道要喂他奶了，有了条件反射，他的记忆把姿势和喂奶联系起来了。经过仔细观察还可以发现，三四个月左右的幼儿会寻找刚才在他眼前出现过的玩具。6个月左右的幼儿会有"认生"的现象。"认生"是最为典型的早期记忆机能的表现。

人类记忆机能的发展历程

6个月到1岁左右的幼儿，可以认出几天到十几天前见过的事物，间隔时间再长一点就不行了。这时的记忆基本上是无意记忆。幼儿记忆的内容都是形象的、具体的事物，记忆方式是**机械式的记忆**。

1～2岁的幼儿，能够相隔1～2个月再认事物。这时的记忆还是以无

机械式的记忆：自动化的记忆，无需思维的主动参与，与逻辑记忆相对应。

意记忆为主，记忆的内容还是形象化的、具体的事物，方式也还是机械性的。由于这个时期开始有了言语活动，语词记忆有了萌芽，幼儿开始建立各种简单的词语联系，他们可以理解一些简单的成人的话语。语词记忆的出现使他们开始了新的认知机能的飞跃。

2~3岁的孩子，相隔半年左右的事物也可以再认出来了。语词记忆开始发展，开始出现有意记忆，儿童在生活中可以有意地记忆一些事物了，形象记忆和语词性记忆有机地结合到了一起。

3~4岁的儿童，有意记忆有了进一步的发展，特别是随着多种游戏活动和儿童生活经历的扩大，他们有意识记忆的能力不断地得到训练而不断提高，但是这时无意记忆还是占大多数，记忆的内容也还是以形象的具体事物为主。他们对事物之间的联系的认知主要依据它们在时间和空间上的接近，而不是逻辑上的关系。这时儿童的记忆的表现形式已不单单是再认，还可以回忆了。不过，在没有实物的情况下，儿童能够回忆的事物很有限。人们做过实验，发现这一年龄段的儿童能够回忆出来的物品和图片一般不超过四五个，测评的方法是让他们从10~15个物品或图片中将看到过的东西找出来。若让他们记忆字词，通常一次能够记住的不超过2个。儿童这时的听觉记忆也有了明显的发展，对于节奏和韵律感强的诗歌他们很容易记住。

4~5岁的儿童，有意记忆的机能有了明显的发展，儿童可以按照成人对他们的要求，有目的地记忆一些学习的内容。此外，他们还能够自己给自己定下目标，主动地去记住一些内容。他们已经会用一些方法来帮助记忆。采用的方法主要是复述。此时儿童的语词方面的记忆已有了较大的发展，形象记忆和语词记忆结合得更好了。儿童这时在思维机能上的发展已表现出分类的能力，可以区别不同类别的事物，以这种分类为基础的逻辑记忆也开始有所萌动。

6~7岁的儿童，开始学会一些以记忆为目的的专门操作方法，可以对学习材料进行初级的整理，采用复述和系统化的方式进行记忆。同时，这时期的儿童开始应用**逻辑记忆**的方式来帮助记忆。从记忆的内容上看，形象记忆和语词记忆在数量上已相差不多。他们能够回忆的内容也明显多了起来。实验表明，这个时期的儿童可以一次回忆起给他们看过的物品中的7个，15个字词中的5~6个。记字词和记物品的能力几乎一样。这时儿童有意记忆的效果已经明显地强于无意记忆。他们可以主动地、有意识地控制和监督自己的记忆行为。

逻辑记忆： 通过对记忆材料进行人为的逻辑化加工而进行的记忆方式。

2. 人类记忆机能的潜力

我们的记忆容量是非常巨大的，但是这巨大的记忆潜能远远没有得到充分利用。

神经心理学家鲁利亚曾遇到这样一个特殊的人，并为此写了一本探讨人类的记忆潜能的专著。这是一个记者，作为一个职业记者，他每天要采访许多人，主编有个习惯，在早晨要向记者们布置工作。让主编感到十分生气的是，其他的记者都认真地做笔记，因为要办的事情很多，脑子不一定记得住，唯独这个人，从来不记。主编以为他不尊重自己，但很快他的这种气恼就被这个人的工作绩效消除了：他居然从来没有忘记过任何哪怕是很小的需要注意的地方。更让主编感到惊讶的是，他甚至在采访时也很少记笔记，但是从来不会忽略任何有用的信息。他的每次采访都很有成效。鲁利亚对这个人做了详细的研究，揭示了我们人类所具有的但远没有被一般人所发挥出来的巨大的记忆潜能，这种潜能在这个特殊的记者身上自然地表现出来。与这个人的情况类似，历史上还有不少有特殊记忆才能的人物，其中有一些更令人感到迷惑不解，那就是白痴天才的情况。

所谓白痴天才指的是这样一些人，他们的平均智能远不如一般人，严重的连正常生活都有些困难，但他们却在智能的某一方面有令人惊奇的表现，其中被人们研究得比较多的就是记忆能力。这些人的记忆能力的表现给我们打开了一扇窗户，让我们看到了我们人类原来有这么不可思议的记忆潜能！

这里有一个我自己看过的病例，她是由父母带来看病的，看的是运动障碍，因为她患有小儿脑瘫，结果我发现她有着异乎寻常的记忆能力。她可以准确无误地记住20世纪60—90年代每一天是多少号、星期几，而且可以一一对应起来。我找来了日历，对照着一个一个地进行了测定，足足测了三个小时，居然没有一个错误！她这种超常记忆实在是令人百思不得其解。

3. 人脑中的RAM

> RAM：计算机内存，它的大小是计算机性能的重要标志。

前面我们提到了人的记忆的分类，其中提到了短时记忆。短时记忆对于人的信息处理非常重要，我们的许多认知机能都与短时记忆有着密不可分的联系，而且还在相当程度上受到它的制约。

短时记忆的一个最为重要的品质就是它的容量，即短时记忆空间，它指的是人在短时间内所能处理的客体的数量。人的短时记忆系统，是人脑对信息进行操作的平台，这个平台上所能容纳的东西越多，节目就越精彩。我们可以做个形象的比喻，短时记忆空间就像是电脑中的RAM。我们知道，RAM是电脑性能的基本指标，RAM越大，可操作的信息就越多，功能就越强。人脑的短时记忆容量越大，同一时间内可处理的信息就越多，人脑的功能也就越强。就像RAM决定了电脑的性能一样，人的短时记忆空间也决定了人脑的诸多机能，它是大脑性能的基本指标。

实践表明，人的短时记忆容量是可以扩充的。这就为我们开发大脑的潜能提供了一个非常重要的切入口。一般情况下，我们人类的短时记忆容量是7±2个单位。这就是说，在一般情况下，我们的短时记忆里可以容纳5～9个信息项目。这是指没有经过特殊训练的一般情况，7±2的容量是普通发育完成的短时记忆品质。但是这个容量并不是绝对不可以改变的。人不是生下来就有这个容量，就每个个体来说，这个数量也是相对的，有的人容量大一些，有的人容量小一点。这种差异提供给我们一个变化的操作空间，操作的内容就是训练。

人们的实践证实，通过训练，学生的短时记忆容量可以明显地扩大，达到十几个单位的情况是很多的。这时的大脑功能也随之有所提高，这就好像RAM升级了，电脑的其他功能也随着提升了。

4. 记忆术的学问

记忆术是人类通过长期的实践经验总结出来的行之有效的提高记忆能力的技巧。这些技巧对于开发大脑的记忆能力是有好处的。我们来看看，有哪些记忆术可以被我们来使用。

经典房屋记忆法

这是古罗马人发明的一种记忆方法。这种方法的特点是可以在短时间内把大量没有关联的琐碎的东西记住。

这种方法的具体操作如下：第一步，选择一个你所熟悉的屋子，记住，一定要是你熟悉的，最好是你自己的住所或是你经常去的一个地方，里面还要有各种家具摆设，如沙发、写字台、日历、电脑、电视机、冰箱、书架、床、椅子等，多一点更好。

第二步，也是最关键的，你需要把你想要记住的东西和屋里的家具摆设一一对应，建立起特定的联系。比如，你现在想把下星期一要办的六件事情记住，你就可以这样来做：下星期一，可以和日历联系起来，想象日历翻到了下星期一。你要给朋友写一封信，这可以和电脑联系起来，因为你是要用电脑来写信的。你要去商店买一双鞋、一盒鸡蛋，还要去音像店里买一张你喜欢的影碟。现在继续建立联系的工作：鞋子，可以和床联系起来，因为你一向是把鞋放在床下面的；鸡蛋，一般放在冰箱里；至于影碟，可以和电视联系起来，因为你是要用电视来看影碟的。还有两件事情，一件是你想向你的同学借一本学习辅导书，书自然要放到书架上的，所以和书架联系起来；最后一件事，是你计划请你的一个朋友来你家里做客，你可以很自然地把这件事与椅子和桌子联系在一起，因为你们要一起坐下来吃点东西。现在所有的事情都和屋子里的摆设建立了特定的联系，你复习一下这些特定的联系，所有你要做的，就是回忆一下你的屋子里有哪些东西，通过这些东西所提供的线索，联系出来的就是你要办的事情了。

现在你可以看看你是不是可以比较容易地就记起要办的事情了？首先，是什么时候要办这些事？看一看日历，想起应该是在下星期一。屋子里都有什么？电脑—写封信，电视—影碟，冰箱—鸡蛋，床—鞋，书架—借本辅导书，桌子和椅子—请朋友来做客。这样，记忆是不是变得很容易了？

数字-形状记忆法

这是一种通过把要记住的东西同数字的形状联系起来进行记忆的方法。数字的形状，就是人为地赋予每一个数字一个特定的形状。我们在学习数字的时候，有时老师会让我们用一种形象的方法记住1～9这些数字。比如，一支笔像什么？自然会想到数字1；2呢，像什么？是不是可以和鸭子联系在一起？3，是不是可以用耳朵来表示？4，可以想象成一个交通符号；5，像个钩子；6，像个烟斗；7，像个拐杖；8，像个葫芦；9，可以用渔网来表示。

有了这些形象的数字以后，我们就可以进行关键的一步了，把要记的事物和这些形象的数字联系在一起。比如你要记住的有五件事物，第一个事物是一本书，你可以想象一支铅笔放在一本书上面；第二个事物是一个电视机，你可以想象电视里正在放映唐老鸭；你要记住的第三个事物是一把锁，你可以想象出一个人在耳朵上挂着一把小锁做成的一种奇怪的装饰；第四个事物是一瓶酒，你可以自然地把它和酒后开车被交警截住的场景联系起来；最后一个事物是一件上衣，你可以在头脑中想象一个钩子上挂着一件上衣。这样，你要记住的五件事物，就很形象地在头脑中得到了表征，你就可以在头脑中建立一个图景，有了这个图景，你就不会轻易地把它们忘记了。

连锁记忆法

连锁记忆法是通过想象把要记的东西有机地串到一起，这样当提起一样东西的时候，就会自然地产生一种连锁反应，别的要记的东西也跟着想起来了。不过，这种方法有个比较困难的地方，就是要想出自然的、有意义的，能够把不同的东西串到一起的联结方式。

Major System记忆法

这是欧洲在17—18世纪发展起来的记忆术，现在仍然有不少人在工作中使用。这种方法就是把数字资料转化成有意义的文字，进而利用联想将这些资料记住。这种方法对于记忆一大堆数字、日期、电话号码等十分有效。

怎么做？
——挖掘无限的记忆潜能

依据记忆的不同类别，我们可以有选择地训练我们的某种记忆。

特别值得一提的是，我们每个人在记忆方面都有所侧重，张先生可能是偏重听觉的，李先生可能是偏重视觉的，王小姐对语词方面的内容记得特别清楚，赵小姐则可能对形象的事物有过目不忘的本事。

所以需要先了解一下你或你的孩子擅长哪种类型的记忆，在哪种类型的记忆机能方面有所欠缺。这样就可以促进好的记忆品质进一步发展，同时找到不足的地方，及时通过训练提高有所不足的机能。

1. 加强注意力与观察力的培养

我们从前面的讲述中知道，记忆有外显记忆和内隐记忆，这提示我们学习不仅可以有意识地进行，同时还可以通过无意识的过程充分利用时间和空间来增加记忆。注重随时随地对孩子观察能力的培养，实际上就是在将更多的记忆资料注入孩子的内隐记忆中。

由于内隐记忆是在无意识中进行，而且只在需要的时候才转化成外显记忆，所以，内隐记忆能力强且信息量大的人总会给人一种"过目不忘"的感觉。比如，同是路过一条街道，有的人在无意识中就能把路边的商店、单位名称记下来，这样在以后需要找某个地方的时候就能迅速找到。这表面上看是因为"过目不忘"，但实际上与注意力和观察力都分不开的。

2. 利用语音转换将短时记忆的内容推入长时记忆

短时记忆进入长时记忆的一个关键环节就是语音的转换。了解了这个科学事实，我们就可以在我们的记忆实践中充分应用了。

如果我们想记住哪些事情，那就在心里把这些事情至少默念一遍。试试看，也许你会惊奇地发现，原来你的记忆力这么好！把这个方法也同样教给孩子，让他在"死记硬背"某些学习资料的时候，比如记英语单词时，边读、边写、边背，效果会好得多。

3. 利用不同的脑半球活动从事不同的记忆作业

我们从前面的讲述中，还了解到记忆可以分为语义性的记忆和形象性的记忆，前者主要在左脑进行，后者主要在右脑进行。这提示我们，可以利用不同的脑半球，从事不同的记忆作业。

我们都有这样的经验，在读文章的时候，如果旁边开了收音机，里面正在播放长篇评书等节目，你肯定会受到干扰，对文章的理解速度会大大减慢，严重的时候还会把文章里的事情和收音机里的故事纠缠到一起。

这是什么原因呢？是因为我们读文章和听故事，使用的是同一侧的大脑半球，两种作业产生了干扰作用。这时，如果你换一个频道，改成听没有歌词的音乐，就不会再有受干扰的感觉了。原因很简单，我们听音乐用的是右脑，对我们读文章用的左脑没有产生干扰作用。

同样的道理，我们还可以通过交替性地使用左脑和右脑，来有效地增强我们的记忆能力，提高学习的效率。比如说在进行了一段时间的与语言有关的作业之后，你就需要让你的左脑休息一下了，这时你可以改为进行绘图或做几何题，这样就可以明显地提高学习的效率。

第十三章

脑开发与创新能力

脑科学提要：

➢ 创新是一种独特的大脑活动过程

➢ 创新离不开左右脑的协同合作

➢ 创新与人的潜意识活动密切相关

➢ 创新与观察力密切相关

➢ 创新体现为打破旧模式，形成新模式

➢ 创新能力要从小开始培养

1. 创新能力的重要性

人类在发展，社会在进步，科学技术日新月异，新的事物层出不穷，我们不会永远停留在一个水平上。不论将来从事什么行业，创新能力都是至关重要的。搞科学，没有新的发现谈不上好的科学家；搞技术，需要的更是发明和革新。如果将来进入商界，办企业，那更少不了创新。被人们誉为"管理大师中的大师"的德鲁克博士就曾这样讲过，一个企业最重要的就是要做好两件事，一件是营销，另一件就是创新。因为如果没有创新，一个企业就没有了存在的价值，一个企业能否成功，关键就在于它能不能创新。

比尔·盖茨成为世界首富，完全是由于他的大脑中产生了一个大胆而天才的想法，并把它付诸实践，即要把计算机放到世界上的每张办公桌上以及每个家庭中去。托马斯·爱迪生使电力遍布了全世界，他的成功就在于他的无穷无尽的发明创造，他一生拥有1 093项发明专利，是人类历史上最伟大的发明家。

中国人口众多，资源有限，未来社会中的竞争会更激烈，创新能力自然也就成为一个人生存的本能。人们对现行的教育制度和教育效果多有意见，其中一个重要的原因就是看到了现行的应试教育在相当程度上扼杀了学生的创造力，培养出来的学生只会模仿和照搬，知识是学了不少，但是没有多少发明创造，缺乏独立分析问题和解决问题的能力。

因而，培养学生的创新能力，成为一个非常重要的教育课题，这也正是脑开发要解决的重要问题。

2. 创新是一个什么过程？

对于创新是什么的问题，人们探讨了很久，这是一个多学科的研究领域。现在看来，创新是一种复杂的心理活动。它与人的情绪、兴趣、性格和意志等个性品质都有关联。创新活动往往建立在已有知识的基础之上，创新者往往具有宽广的知识面，但他们并不受限于旧有的知识的制约。创新通常体现为旧有知识成分的新的组合。

对创新过程的研究还发现，创新过程与创新者敏锐的观察能力密切相关。创新过程往往是冲破固有思维习惯的产物，创新活动往往表现为一种**顿悟**过程，多有一个酝酿许久的过程，在某一时刻突然得到升华。

总而言之，创新的过程是人脑的高级活动。那么脑的哪些部分、脑的哪一种活动与创新的关系最为密切呢？这也是我们要通过开发大脑提高创新能力的重要一环。

顿悟：完形学派认为，在学习中，对情境或客观条件的各个部分之间的关系的理解不是一种渐进的过程，而是突然的领悟，也就是顿悟。

3. 左右脑与创新

爱因斯坦可以说是20世纪以来最伟大的科学家了。他打破了传统思维的局限，突破了经典物理学的束缚，发现了相对论。这样一位伟大的科学家，他的头脑中是不是全是数学和物理公式呢？不是的，爱因斯坦演奏小提琴已达到了公认的专业水准，他在年轻时更是一个爱做白日梦的学生。对于怎样发现相对论的，据爱因斯坦自己的描述，相对论来自一个灵感，而这个灵感是相当形象化的。

对大艺术家的作品进行研究之后，人们发现，艺术创作并不是一种非常随意的行为，其中不但有右脑的直觉，还有左脑的逻辑。比如说，对毕加索的创作草稿的研究就发现，在构图立意、线条的组织以及人物和景致造型等方面，都是相当几何化的。达·芬奇的画更是如此，他的创作草图反映出相当程度的数学原理。这说明，大师在创作时，不光用右脑，同时也在用左脑，他们是有计划地去创作的。艺术并不是和科学对立的，创新正是两者的完美结合。

怎么做？
——从小培养创新能力

创新能力要从小就培养。人人都具有创新的潜能，创新的萌芽在很小的时候就会有所表现，这是需要特别关注和培养的。然而现在儿童的创新能力在发展过程中似乎逐渐退化了。应试教育就是其中一个重要的原因。

所以，千万不要让应试教育把儿童本来已经表现出来的和已经具有的宝贵的创新能力抹杀掉，而是要在孩子的成长中注意观察和鼓励孩子的创新能力。

具体怎么做呢？

1. 保有童心

保有童心是保持创新能力的一个诀窍。大画家毕加索在八十多岁的高龄时仍保有儿时的好奇心，正是这种好奇心，使他成为20世纪多产、杰出的画家。牛顿曾这样形容自己的研究，他说他就像一个在海边玩耍的孩子，不时地被沙滩上五颜六色的贝壳吸引。

可见我们人类儿时的好奇，不仅对于艺术的创造至关重要，而且对于看来有些枯燥的物理科学研究也是必不可少的。

2. 培养孩子敏锐的观察力

这是提高创新能力的一个途径。观察能力培养的一个有效途径是让孩子从事一些科学小实验，比如说一些有趣的植物种植实验，**电气小实验**，观察小灯泡怎样才会亮起来等。科学小实验需要大量的细致的观察，在这种有趣的实验过程中，不仅会让孩子掌握一些科学知识，更为重要的是让孩子学会通过观察来发现问题和寻求解决问题的途径，观察能力自然会在这种实践中得到提高。

> **电气小实验**：简易的电路和电子设备的设计和安装实验。

3. 开发孩子的想象力

这是培育创新能力的重要环节。想象力主要是右脑的机能，所以从原则上来讲，右脑开发的方法对于想象力的促进和培育都有好处，因此都可以作为想象力训练的内容。

想象力的训练可以结合儿童的多种活动一起进行，比如可以通过画画来培育这种能力。实践表明，通过画画来开发想象力是很有效的，可以让孩子自主地画、任意地画，画出自己想象的内容，再讲出一个故事来；或是让他们按照一个主题来构思一个画面，也是很好的有效的方法。

在游戏中也可以开发儿童的想象能力，假扮游戏就是一个很实用的情景。让他们装扮成不同的角色，还可以让他们自创出"故事情节"。在这种游戏中，想象活动是一个主要成分，这种活动可以有效地激发起儿童的想象力并且促进它的发展。

4. 扩大孩子的知识面

这是促进创新能力的重要方面。在教育方面，鲁迅先生早就指出多读些闲书、扩大知识面的好处。他之所以能成为伟大的文学家，写出惊世骇俗、经久不衰的深刻作品，与他自己博览群书，具备广博的知识密不可分。

现在人们获取信息的途径很多，扩大知识面并不是难事，关键就是让孩子产生对知识的兴趣，让他们主动地多学习、多了解。

5. 通过拓展性课程培养创新能力

在课程教学上，改变以老师教授为主的模式，让学生根据自己的兴趣，探讨和研发课程，进行自主性学习，这是国内一些学校开发出来的拓展性课程训练，对于学生的创新能力的培养很有促进作用。

比如深圳市连续三届英文短剧大赛的冠军都被开展英语拓展性课程训练的育才中学获得。这所学校在第一届读书月英文短剧比赛中取得了好成绩后，立刻在全校开展了英文表演拓展课，让学生自己创作、翻译并演出，老师只做必要的辅导，充分利用了学生的兴趣，唤起了学生潜在的能动力量。这个活动在自主性的前提下，发展了学生的创新能力，有效地促进了英语的学习，获得了前所未有的教学效果。由于效果明显，后来除了英文表演课以外，该校又开设了四十多门拓展课，有效地提高了学生在语文、数学和其他方面的学业成绩和创新能力。

第十四章

脑开发与运用机能

 **脑科学提要：**

➢ 运用机能是被人们忽略了的脑的重要机能

➢ 人类所具有的熟练技能的神经基础就是人脑的运用机能

➢ 脑损伤会造成"失用症"，表明运用机能是人脑的一个专门化的机能

➢ 涉及简单步骤的运用机能的脑区在 4~5 岁时成熟

➢ 涉及复杂的连续步骤的运用机能的脑区在 6~7 岁时成熟

➢ 运用有多个层次，从单纯的躯体运用，到意念和躯体动作的组合，再到复杂的概念和结构性操作，体现了运用过程由简到繁的过程

➢ 意念－运动的联结是人类大部分运用机能的一个关键环节

➢ 运用机能可以通过有效的训练得到明显的提高

1. 什么是运用机能？

运用机能是一个很少被单独提到的脑机能，事实上很少有人把它与脑的特定的功能联系在一起。然而它是近些年被科学，特别是临床神经心理学研究证明的一个十分重要的人类特有的机能。

什么是运用？运用指的是有目的的、系列化了的，或程序化了的行动运用，是对躯体和空间的操作，是在时间的维度上展开的程序化了的技能性活动。运用机能在人类进化上有着重大的意义。我们人类能够区别于其他物种的一个最为重要的特征就是我们人类可以使用工具，使用工具正是一个最为基本的运用机能。

2. 运用机能与大脑的关系

直到近些年，运用机能与大脑的关系才受到人们的注意。到目前为止，我们对运用机能和大脑的关系的研究还不够深入，其中的很多内容我们还很不清楚。

运用机能与大脑的关系的最直接、最有力的证据是脑损伤后出现的各种类型的"**失用症**"。这些"失用症"从不同的角度揭示了运用机能的几个层次，以及运用机能与脑的结构的关系，丰富了我们对这个人类的特有技能的认识。

失用症：脑损伤造成的人的运用机能的障碍，有各种临床表现类型。

首先，运用机能最基本的层次是单纯的躯体性的或肢体性的运用。大脑皮层某些部分的损伤，特别是顶叶的结构，会导致患者出现肢体运用不能的症状。比如说，以前使用筷子非常熟练的人，突然不会用筷子了；以前曾经很出色的技工，突然不会使用锤子了。

意念–运动性失用是另一种运用障碍的表现，它的存在揭示了我们在运用机能上的一个十分重要的环节，即意念和躯体运动的联结是我们大部分运用机能的基础。脑损伤可以使人产生如下临床症状：病人不会按你的要求做打电话的姿势了，让他用手势表示一下如何有礼貌地与人再见，他也做不出来，但他完全可以灵活地使用他的手臂、手掌、手腕，唯一不会的，就是让这些个别的动作组合成一个有意义的再见的姿势。

> **意念–运动性失用**：失用症的一种类型，临床上表现为不能将意念与操作结合起来，完成象征性的动作。

意念性失用是更高一层的运用障碍。患者在脑损伤之后，完成不了需要一定程序化组织的行为，比如无法完成沏茶这个行为，病人丧失了原有的将分散的个别动作按照一定的程序组织起来，完成一个有目的的、具体的、有意义的行为的功能。

还有一种比较特别的运用机能障碍，叫作"结构性失用"。这种运用障碍一般是在实验室里通过专门的检查发现的，很容易让人忽略。但是这种类型的失用并不少见，特别是当人的大脑右半球的顶叶有了损伤以后。"结构性失用"主要表现为在让患者进行一些需要运用二维空间，特别是三维空间，进行结构性作业的时候出现了障碍。比如，让他用木块拼搭出一个立体结构的图案，或是简单地让他模仿你的样子，用火柴棍摆出一种空间结构的模型。这对于普通正常人来说是很容易的，但对于患有"结构性失用"的病人来讲，可就相当困难了。"结构性失用"虽然是人们在实验室的特殊情况下发现的一种运用障碍，但是它的存在给我们提出了一个值得深入研究和重视的人类运用机能的一种形式，即对空间结构的运用。事实上，我们有很多种功能是这种类型的运用。只是我们平时没有留意，对此习以为常了。比如搭个棚子、做个立体模型、画个立体图、编织个东西等活动，都离不开对空间结构的掌握和操作。

现代**发育神经心理学**研究的结果告诉我们，不同的运用机能由不同的脑区掌管，不同的脑区是在不同的阶段成熟的，这对我们培育儿童的运用机能有重要的指导意义。从我们的教育实践中可以知道，如果教3岁左右的幼儿完成一些复杂的涉及多个步骤的技能，一般是做不到的。为什么呢？这是因为此时他们大脑皮层中的第6区，位于**额叶运动前区**，还没有发育成熟，这个区域是管理复杂步骤的连续运用机能的。所以要培育儿童完成难度大的多个步骤的连续运用技能，最好要等到六七岁，因为那时，大脑的这个区域才能发育成熟。三四岁的时候，幼儿可以完成一些简单的运用机能的动作，那也是因为大脑皮层中的第4区，也位于额叶的运动前区，此时发育成熟了，这个第4区就是负责简单步骤的运用机能的。

所以，我们的培育要随着大脑的成熟情况而进行，这样才会事半功倍，否则就会事倍功半，得不偿失。

> **发育神经心理学**：从个体演化的历程上对脑与心理的关系进行研究的一门学科。
>
> **额叶运动前区**：大脑额叶躯体运动区前面的一部分，负责运动的计划和组织。

3. 精细动作

精细动作是人类运用机能的重要组成部分，运用机能的完成往往需要多种精细动作，特别是人手的动作的配合。人的精细动作的发展是随着人类的进化，特别是人类社会与人类的文明和技术的进步而日渐复杂的，尤其是两手的动作，更是人类区别于其他高等动物的一个特征。我们人手所能操作的复杂动作是任何其他动物都无法完成的，就是与和人类相近的猿类相比较，这种区别也是非常大的。

从动作的演化顺序来看，精细动作的发育成熟比粗大动作的发育成熟要晚，精细动作是在粗大动作的基础上发展起来的。

4. 模仿能力

运用机能的掌握离不开人类的模仿机能。我们学习各种运用技能的一个重要前提是我们能够重复他人的动作，这种重复他人动作的机能是大脑的一种十分重要的学习活动。人类幼儿面对的生存环境不是仅靠本能就可以适应的，他们需要在长辈的哺育下对很多生活技能进行学习，才能够适应变化的环境。在这个过程中，模仿长辈或同龄人的活动就是学习和掌握各种运用技能的重要基础。

人的模仿能力不是一成不变的，可以在练习中得到提高。人在通过模仿机能获得对各种运用技能的掌握的同时，模仿机能也得到了长足的发展。运用和模仿可以互相促进，共同提高，它们有着相辅相成、相映生辉的关系。

5. 不容忽视的"现代失写症"

现代科技的发展提高了我们人类的生活质量，然而事物总是一分为二，对于高科技产品的过度使用也许会对我们人类本身的进化产生一定的副作用。事实上我们已经发现了不少伴随着高科技产品的应用而出现的"现代病"。这里我们要说的就是与我们人类的运用机能密切相关的"现代失写症"。

由于电脑的广泛使用，现在已有不少人，不论做什么，只要是和写东西有关的，全部都交给电脑了，已经很长时间没有动手写字了。结果，有人出现了提笔写不出字的现象，字是认得，电脑上也可以通过拼音打出来，而且也不慢，但如果让他自己用笔写出来，却忽然发现有了困难。这就有点像我们对待繁体字的情况了，看是没有问题的，而且也不慢，但是写不出来。因为我们只是在读的时候用到繁体字，书写时是不用的，不用就掌握不了。现在对汉字也一样，如果长期不写汉字，自然就会出现写不好、写不了的情况。

鉴于此，应该开展书写汉字的专门训练，否则会丧失我们祖先留给我们的一个重要的本领——书写。那样的话，我们不仅会在书面语言表达上出现问题，还会丢掉我们本来可以用来提高大脑功能的方法，失掉书写汉字对脑力开发的作用。

6. 发育性运用障碍

发育性运用障碍是一种并不少见的主要在儿童中出现的神经心理障碍。但是由于对它缺乏科学的了解和认识，所以一直没有得到人们的重视。不过如果我们把这种障碍的表现描述出来，很多家长和学校老师都不会感到陌生的。

病例：

同同是一名小学五年级的学生，各科成绩都比较优秀，家长和老师为此也感到十分高兴，但是有一件事却让家长和老师非常头痛，就是同同的肢体动作不协调，体育活动很差，不爱玩游戏，不是不想玩而是玩不好，同龄的同学不愿意带他一起玩。他的这种动作不协调严重的时候会影响他与人的交往，比如，在列队走路的时候，如果有人注意到他，他就会出现"一顺"的现象，即左脚和左臂一同向前，右脚和右臂一同向后的走路方式，每当出现这种情况的时候，同学们就会笑起来，他也就格外紧张，结果是越紧张越"一顺"，搞得十分尴尬。经过医院诊断，同同的问题就是典型的发育性运用障碍。

发育性运用障碍是需要及早进行矫治的，矫治这种障碍的一个十分有效的办法就是采用神经心理学上的运用机能训练。这方面的训练需要一定的专业指导，所以如果孩子有这方面的问题，建议先去找神经心理医生咨询一下，进行相应的测查，明确诊断，然后按照医生开具的训练处方进行训练。

此外，现在各地开展的感觉统合训练对发育性运用障碍也比较有效。通过对肢体运动和平衡机能的训练可以提高儿童对自己身体的控制和操作水平，有效地提高运用机能。

怎么做？
——动手能力的培养

> 运用机能是人类大脑的一项重要机能。随着脑科学的进展，这种机能必定会受到人们应有的重视。

1. 重视手工课

普通小学的手工课实际上就是一种运用机能的训练课程。要求孩子上好每一节手工课，这样会有效地提高他的运用机能。

2. 多让孩子参加一些需要肢体动作技巧的游戏。

3. 让孩子学会游泳、骑车等技能。

第十五章

脑与特殊人才

 **脑科学提要：**

- ➤ 天才的出现证明了人类大脑的巨大的潜能
- ➤ 天才和早熟不一样
- ➤ 天才儿童的智商一般比较高，多在 140 分以上，但是智商高未必一定就是天才
- ➤ 天才的大脑两半球的协同活动更为明显
- ➤ 天才有各种类型，这表明人类的智能是多元化的

1. 关于天才的脑科学研究

据统计，天才儿童占全部儿童人口的百分之二。哪些儿童是天才儿童？比较常用的一个评定指标就是智商，调研发现，天才儿童的智商多在140分以上。但是，智商高未必一定就是天才。我国早些年开办的少年班中的很多少年智商都很高，符合天才的智商标准，但是后来真正成为天才的人数并不多。

天才与早熟是不一样的，不要把这两者混同在一起。早熟的儿童有两种可能：一种可能是他们就是比一般的儿童早熟，发育等方面都提前了，所以表现得与别的孩子不一样；另一种可能是由于家庭和环境的原因，得到了提前的教育，因而比其他没有机会受到相同教育的孩子来说字认得多，知识也掌握得多。但是不论是哪种情况，随着年龄的增长，早熟的儿童与其他儿童在智能上的差别会日渐消失。而天才儿童不一样，他们可能在儿童早期就表现得与众不同，但他们表现的方面和才智特点与早熟儿童有较大的差别。这里有一个表格，可以帮助我们区分早熟儿童和天才儿童。

表15-1：早熟儿童与天才儿童的区别

类型	早熟儿童	天才儿童
表现	像大人	好奇心强，有独创性
变化	儿童期后发展变慢	儿童期后发展加快
原因	家庭环境，内分泌	遗传，后天努力

此外，天才儿童还有可能由于没有合适的环境而在早期表现不出来。苏联著名科学家罗蒙诺索夫就是这样的一个例子。罗蒙诺索夫是个渔民的儿子，家庭条件很差，没有机会接受良好的教育，一直到19岁的时候才有机会接受正式的学校教育。但是由于他具备了非同一般的素质，一旦有了机会便表现得与众不同，他一年连续跳了三级，很快就完成了学业。之后，他在科学研究上有了惊人的成就，发现了物质不灭定律和运动守恒定律，为科学的进展做出了卓越的贡献。罗蒙诺索夫不是一个早熟的儿童，但是他是一个天才。

所以，不要因为你的孩子没有在早期表现出与众不同的地方，就认为他肯定不是一个很有才华的人，也许是因为条件不具备，也许是教育没有跟上，还可能是让他展现的机会还没有来到。

天才人物的大脑

对于天才的大脑研究，人们首先会想知道，一个杰出的天才人物的大脑与普通人的大脑有没有差别？有幸的是，爱因斯坦在去世的时候把大脑献给了科学研究，由于各种原因，这方面的研究结果过了很多年才公布出来，但公布出来的结果让人们不可思议：爱因斯坦大脑中的神经元并不比正常人的多，多出来的成分是胶质细胞，就是我们在前面讲脑的结构时提到的具有营养和保护功能性神经细胞的作用的那一类细胞。

这个差别是明显的，但是如何解释却不是一件容易的事。目前我们只能推测，可能正是这些神经胶质细胞的充分的营养和支持作用，有效地协助了具有信息处理功能的神经元，使它们更好地发挥了作用。还有一点也值得一提，就是爱因斯坦在生活起居上还有一个特点，就是爱睡觉，而且睡眠时间比一般人长。这也可能是由于他的大脑在工作的时候高度兴奋，需要更长的时间休息，是让他的大脑能更有效地发挥作用的自然需求。

有人对极富数学或语言能力的特殊学生进行了研究,发现这些学生大脑两半球的协同活动比较明显。还有一些研究发现,天才儿童表现出来的高水平的认知能力与特殊的睡眠模式有一定的相关,他们的**快速眼动(REM)**速率高,并且具有与实足年龄为1岁的正常儿童一样的未分化的睡眠模式。研究者认为这个现象可以同他们的大脑的可塑性,以及接收和处理信息的特点联系起来。

快速眼动(REM): 睡眠时发生一种周期性的眼球运动模式。

2. 可以教育出天才吗?

我们不能教育出天才,但我们可以为他们提供成长的环境。这方面最有说服力的例子恐怕要属大发明家爱迪生了。爱迪生是举世公认的大发明家,在发明的领域内,恐怕到目前为止还是没有可以和他相提并论的人物。但是爱迪生的成长却有很多值得我们深思的地方,他曾被学校认为是一个智力有问题的人,如果在常规的教育环境下,我们真的要怀疑他这样一个"不聪明"的人能否成功。爱迪生的成功在相当的程度上与他的母亲提供的环境有关,在大发明家的背后是他母亲的支持和鼓励。正是爱迪生的母亲,对他的那些常人不太理解的有些"可笑"的念头给予的支持,才使爱迪生发明才能的萌发和生长有了现实的可能。

可能有不少人都看过一个很感人的关于一个科学家的成长过程的电影——《美丽心灵》。影片描述的是1994年获得诺贝尔经济学奖的数学家纳什,他是个患有**妄想型精神分裂症**的病人,他的传奇般的事例揭示了环境对于天才的成长的重要性。纳什的成功在相当程度上与普林斯顿大学独特的教学环境有关,这所大学对像纳什这样的教授没有规定必须完成常规的必须教授的课程,教授们没有一定要完成多少教学任务的压力,工作也很开心。从影片中我们看到,纳什是一个孤独的天才,他的思想太前卫,别人很难明白,如果让他讲常规的课程,他不会有多少

妄想型精神分裂症: 精神分裂症中的一种类型,以会有各种奇特的妄想为主要特征。

兴趣，也可能讲不好。大凡天才都是这样，否则也就说不上是天才了。但是这所大学举办的非正式的茶会和学术研讨却不少，而且是必须参加的，这对于纳什这样的人正是如鱼得水，乐此不疲。纳什就是在这样的宽松的环境下，发挥了他的天才的智慧，发现了重要的定理，让我们受益匪浅。正是为了培养天才，普林斯顿大学才有了这样的特殊的办学规则，这特殊的规则正是天才成长所需的必要环境。

爱迪生、纳什，这些都是国际著名的大人物，可能离我们有点远。其实在我们的周围也有一些这样的事例，天才离我们并不远。

2001年10月，一个年仅5岁的天津小孩刘小源，在中央电视台第一届京剧戏迷票友大赛中演唱《野猪林》中的"大雪飘"选段，一举获得金奖和评委会的特别奖，被人们誉为"京剧小天才"。追溯一下刘小源的成长，我们就可以看到环境有多么的重要。刘小源的父亲这样评价女儿的成长环境："我和她妈妈都是票友，家庭氛围就是这个，源源从小就受到我们的影响，对京剧接触比较多，领先了一步。"不过，刘小源是有些天分，她的母亲说，"源源学京剧没有太苦，教一下就会了"。在这方面，兴趣起了很大的作用。源源的父亲认为在教育过程中，兴趣是关键，他拿自己举例说，"比如说，我爱跑步，早起跑步，也不累，反而高兴；你不喜欢跑步，被人家从被窝里拽出来去跑，怎么也不能成为最好的"。他分析自己的教育方式时说，"教育孩子要根据孩子的特点，我们教育不是刻意的，是无意中形成的，不是逼出来的。我们教孩子的方法不是多好，但是经常反思、探讨家教中的问题，变化方式教育孩子。我们也不是幼教专家"。这些实实在在的经验对于我们理解一个天才的成长是十分重要的。

在提供天才成长的环境方面，我们还需要注意这样一个重要的事实，那就是由于人脑的差别，人的神经系统在活动类型和方式上有差别，人在认知成长和学习上也有各种不同的偏好。有的人喜欢听觉式的感知和学习方式，有的人喜欢视觉性的感知和学习方式，有的人擅长运动性的感知和学习方式，有的人喜欢互动性的感知和学习方式。喜欢某种方式自然会在相应的方面表现突出，在其他方面则有可能表现一般或较差，所以我们需要考虑如何按照儿童喜好的或擅长的方式来提供成长的环境。

怎么做？

——怎样尽早发现具有特殊才能的孩子？

> 人的特殊才能（这里主要指艺术才能），在一定的程度上受先天素质的制约，特别是音乐，环境虽然具有重要的作用，但遗传的素质对于一个人是否可以成才也是不能忽略的重要因素。其他艺术活动，如舞蹈和绘画领域中这样的例子也有不少。
>
> 遗憾的是，现实中却有不少有艺术才能的人，由于没有被及时发现，而失掉了成才的机会。因为艺术能力，特别是音乐才能，在相当程度上有赖于早期的开发，如果在早期没有及时开发，许多重要的机能就不可能发展到应有的程度。

1. 绘画天赋的评估

研究发现，绘画天赋高的孩子未必一定会在智商上表现出来，如果进行智商测验的话，他们未必一定会得高分。他们的特点是：对物体的形状、质地、空间关系以及色彩的认知发展得比较早，他们能够比较容易地在头脑中形成外界客体的清楚的表象；喜欢用笔画出感兴趣的东西，喜欢用图形或画画来表达自己的感情和思想；画出来的物体有立体感，比例关系掌握得好；另外，他们画的东西并不局限于一两个固定的物体，而且不仅限于临摹，更喜欢自己想象着画画。这些行为表现可以帮助我们早期发现有绘画才能的儿童。

除了行为上的观察，还可以应用一些测验。这里给大家提供一个国际上常使用的绘画能力测验，这个测验也可以作为评定孩子是不是具有绘画天赋时的一个参考。

美国的印第安纳大学的克拉克博士经过多年的研究，于1987年发表了一个用来筛选和鉴别具有特殊绘画能力的儿童的测验，即克拉克绘画能力测验（Clark's Drawing Abilities Test, DDAT）。这个测验通过让孩子完成四项作业来评估他们有没有绘画的才能：

第一个作业是画一栋有趣的房子，要求把自己的位置设在马路对面，从马路对面看这栋房子；

第二个作业是画一个正在快速跑步的人；

第三个作业是画一幅自己和小朋友在校园里一起玩的画；

最后一个作业是根据自己的想象画一幅幻想作品。

这四项作业要求在15分钟内完成，要用铅笔画，并且告诉被测的儿童尽力画出他认为最好的画。这四项绘画作业可以让儿童比较充分地表现他们对于视觉艺术的感知和表现能力，可以反映出孩子是否具备绘画的才能。

克拉克绘画能力测验的实施虽然比较简单，但是评分标准的掌握有一定的难度。它没有设定常模，没有一个可以对照着打分的标准,与普通心理测验不大一样。因而,它的评估过程有些复杂,主观性比较强,对评估的人有一定的要求,需要对绘画艺术有一定的基础。另外,在评估时一般还要求有一名心理学家参与,这样才能够比较准确地评定儿童的绘画才能。

克拉克绘画能力测验经过许多人的多次实践后,得到了比较普遍的认可。而且人们还发现,这个测验不仅能够比较有效地测评出儿童的绘画天赋,对于更有普遍意义的视觉艺术才能也可以进行比较有效的评估。

2. 音乐天赋的评估

对于音乐天赋,也有一些测评的手段。美国在鉴别具有音乐天赋的儿童时一般同时采用几个量表,包括:音乐倾向测验、音乐创造性测验、兴趣量表、自我评估**问卷**和同伴评估问卷等。

> **问卷**:心理测验的一种形式,即让被测的人回答一系列的问题来对心理活动进行评估。

音乐倾向测验:这类测验通过考察儿童在对音高分辨能力、音调记忆、节律记忆、和弦分析能力以及音乐敏感性方面的能力,来评定他将来在音乐方面能否有大的发展。通过音乐倾向测验,常常可以发现那些表面上看不出来,而实际上对音乐很有天赋的超常儿童。

音乐创造性测验:这类测验国外比较常用的是韦伯斯特音乐创造性思维测验、王氏声音和音乐创造性测验。韦伯斯特音乐创造性思维测验适用于6～10岁的儿童。测验时用钢琴发出某种声音,被测的儿童要据此模仿相似的声音,比如,模仿暴风雨将要来临的声音、直升机开过来的声音、卡车发出的声音以及动物发出的声音等。通过儿童对不同的声音的模仿,来发现儿童对音乐强度、灵活性、独创性等方面的品质,以此来评估儿童是否具有音乐创作方面的天赋。王氏声音和音乐创造性测验，适用于3~8岁的孩子。测量的方法是让孩子打拍子、模仿测验者描述的6个情景或6种声音，并在低音木琴上即兴演奏不断重复出现的旋律、模仿6段曲子。这个测验主要用来测评儿童在音乐流畅性和想象力方面的能力。

兴趣量表：这种量表用来评定儿童是否具有对于音乐的浓厚兴趣，以及音乐兴趣的内容。目前比较常用的兴趣量表有两个，一个是艾拉姆音乐教师核查表，适用于6~18岁人群的测评；另一个是米克儿童音乐才能特征核查表，适用于6~12岁的小学儿童的测评。

自我评估问卷和同伴评估问卷与兴趣量表在测评目的和测评方法上都差不多。它们都是通过问卷的形式，对与音乐有关的心理和行为进行评定，从而提供接受测评者是否具备音乐潜质的信息。

此外，个人发展详情的记录对于早期儿童音乐才能的发现也很有用。它包括幼儿园老师或家长对于儿童的观察，特别是儿童早期有没有音乐方面的兴趣、相关的行为以及才能的表现。

3. 怎样尽早发现能工巧匠？

小孩子像一张白纸，但有质料上的差异，有的适合画写意，有的适合画工笔。家长可以根据孩子的特点来培养孩子，不必追求一致，也不一定都成为艺术家或科学家，但要符合孩子的特长，让他尽力发挥自己的特长。比如有的孩子动手能力很强，将来就很可能会成为机械制造、工艺研发和技术发明方面的高手。

怎样尽早发现具有这方面潜质的孩子呢？

那就是注意观察孩子的行为。这类孩子喜欢拆玩具，许多家长不喜欢孩子的这种行为，但是这正是孩子学习的方式，也是他们能力的一种表现。有的孩子不仅会拆，拆完了还能自己装上。如果注意观察的话，还会发现这样的孩子还喜欢自己动手制作玩具，也愿意帮助别的孩子修理坏了的玩具。这些孩子对折纸和泥塑等动手活动也表现出特别的兴趣，而且往往能做出很好的作品来。他们对各种机械模型、零件、钟表、手电等很感兴趣，喜欢收集和保存这些东西。有时，他们还可能自己做出一些让家长吃惊的小玩意。这样的孩子想象力很丰富，具有较强的创新性。这方面最典型的例子当属发明家爱迪生了，他在很小的时候就充分表现出超凡的动手制作和发明的天赋。

第十六章
玩具和脑开发

 **脑科学提要：**

- 玩具是幼儿与环境交流的重要手段
- 幼儿借助玩具表达他的情感、拓展他的想象力
- 幼儿借助玩具进行学习和探索
- 玩具是通向幼儿世界的重要途径
- 玩具是开发儿童大脑机能的最重要的手段
- 半成品是开发大脑功能的绝好的玩具

1. 玩具与儿童的世界

儿童借助玩具不停地学习和探索，玩具是儿童与外部交往的一个重要的媒介。同时，儿童通过玩具展现了自己的世界，在这个世界里，充满了儿童特有的想象，他会把他所理解的外部世界和内心活动有机地结合起来。所以，通过观察儿童所喜爱的玩具，我们可以发现他们的认知和精神世界，以及他们的情感活动和行为方式。

玩具是一个非常重要的东西，它可以让我们走进儿童的世界，了解儿童。同时，玩具又正是我们用以影响儿童、教育儿童的最好的工具。玩具是人类所特有的，正像可以制造工具是人的一个主要特征一样，玩具也代表着我们人类特有的文化。

我们需要充分利用玩具这个绝好的媒介或途径，与儿童进行充分的交流，观察他们的世界，了解他们的世界，同时还可以有意地给他们机会，让他们有更多的空间描绘这个世界。比如给儿童准备不同的玩具，他们就会利用这些玩具构造出各种不同的世界来。这非常有利于他们与外部世界的交往和学习。

另外，也最为重要的是，我们还需要在儿童创造的自己的世界里，启发他们的思维，开发他们的大脑。

2. 什么样的玩具最能开发儿童的大脑功能？

既然玩具这样重要，我们给孩子选择玩具时就要多费一些心思了。什么样的玩具是最能开发儿童大脑的玩具呢？

从脑科学的角度来看，半成品才是最好的开发大脑功能的玩具。什么是半成品呢？顾名思义，它不是那些在市面上随便可以买到的制作精良的玩具商品，比如说娃娃、电动车、各种各样的模型，而是那种还没有完全做好的玩具。如果用心，孩子完全可以自己把半成品玩具做成完整的玩具。也就是说，制作一样东西的材料都齐全了，只差孩子用心自己把它完成。如果可能的话，孩子完全可以用自己的想象力做出各种不同的玩具来。

这有点像**拼插玩具**，不过比拼插更有意义，因为它需要孩子充分利用不同的材料自己思考来完成。这样的玩具市面上很少，偶尔会见到国外的或者港台地区的一些科学小实验用的材料组合成的玩具。不过，别担心，这种半成品自己可以做，而且制作起来并不难。其实，在孩子眼里，那些昂贵的商品玩具并不好玩。对于他们来说，倒是那些看上去不怎么样的，算不上是玩具的，比如说几块小零件、一堆土、几片叶子，可能对他们更有吸引力，他们可以在玩这些东西时让想象力飞起来，造出各种你想不到的东西或编出各种故事来。

除了半成品以外，在成品玩具中，符合下述原则的也都是理想的开发大脑功能的玩具。这种玩具的特点是：玩法多、用途广、操作性强。半成品之所以最有开发大脑功能的价值，主要在于它对于孩子的多种大脑功能的需求和激发作用，给他们提供的是材料，需要的是他们的创造性和脑力活动。在孩子自己操作的过程中，培育他们的想象力、创造力和观察力。同样的道理，一件玩具，如果可以有多种玩法，适合多种用途，那就会成为开发大脑的好玩具。变化越多，用途越广，可操作性

拼插玩具：由许多可以插装的零件组成的玩具。

越强,越能激发孩子的观察力、想象力和创造性,对于孩子大脑的开发效力越大。这样的玩具也容易吸引孩子,引起他们玩的欲望,而且兴趣保持得更持久。比如积木类玩具,由于积木可以有各种不同的搭法,有多种用途,能让孩子凭想象创造出很多东西来,所以孩子们都喜欢玩,开发大脑的效果很好。拼插玩具也符合上述原则,它可以有多种变化,可以是汽车、轮船、床、桌椅,还可以是桥、屋子等。只要孩子想得出来,就可以拼插出各种各样的造型,能够充分激发孩子的想象力和创造力。这类玩具比起玩法和用途单一的玩具,更能开发大脑的功能。

怎么做?
——如何选择玩具

目前国内外市场上的智力玩具已有几千种,其中比较有效的益智玩具也达到了几百种。在这多彩的玩具世界里,给孩子选择时一定要考虑他们的认知和操作能力的发展程度,要和他们发展出来的能力相配合。

另外还要选一两个比他们的现有能力稍稍提前一点的玩具,这样能对他们的大脑功能有一个促进作用。

那么怎样根据儿童的不同年龄选择合适的开发大脑功能的玩具呢?这里提供给家长们一个大致的标准:

1岁以前

这一时期主要开发的是儿童的感-知觉和基本的运动能

力，应选择颜色鲜艳、质地松软、没有尖角的玩具，最好带有声响。另外，这时选择的玩具也要样式多一些，以保持孩子对玩具的兴趣，比如小皮球、带响笛的娃娃等。

1~3岁

这一阶段是儿童接触玩具最多的时期，也是通过玩具开发儿童大脑的最有利的时段。儿童在这一阶段对玩具的要求比较高，可选择的玩具种类也比较多，因此选择时要特别注意能不能引起儿童的兴趣，会不会提高儿童的想象力。因为研究人员已经发现，能够激发孩子兴趣和想象力的玩具，可以极大地促进幼儿认知机能的发展，且这种促进对于1岁以后的孩子要比出生几个月内的孩子效果明显得多。

孩子在1周岁以后能否获得有趣且富于想象空间的玩具，与孩子以后的智商水平以及上学后语文和数学的能力都有关系。因为这个时期正是幼儿大脑快速发展的时期，孩子这时正是通过不同的可以让他展开认知能力的玩具来认识我们这个世界的，玩具对于他们是一个重要的大脑发育的催化剂。

这时我们可以通过不同种类的玩具开发儿童的多种认知能力，比如可以给孩子选择形象化的玩具，以增加他们对物体的认知，如动物类的小猫、小狗、小熊、小鸭子，交通工具类的汽车、火车、飞机等。结构玩具是非常好的开发儿童大脑的玩具，给孩子选择这类玩具可以有效地促进儿童的视-空间机能，这类玩具有积木、拼图、插件等。特别值得重视的是那些各种各样的积木类玩具，研究发现，那些木制的、大小不等、形状不同、颜色不同的积木是最有利于幼儿大脑开发的玩具种类。自然玩具，比如沙土、树叶，甚至冰雪等，对于儿童来讲，也是非常好的玩具。儿童喜欢的并不一定是那些高档的制作精美的昂贵的商品,恰恰相反,我们经常看到的是孩子们在一起没完没了地玩泥巴、玩沙土。泥巴和沙土,对于儿童来说是自然界给他们的极好的玩具。这些自然的产物对于脑功能的开发有着十分重要的意义。

3~6岁

在这个阶段,幼儿对物体的颜色、形状和质地的认知,对物体在空间的方位的认知逐渐形成,幼儿的身体也迅速长高,他们对社会生活有着极大的乐趣,有强烈的参与愿望。

根据皮亚杰的认知发展阶段理论,此时幼儿的思维正处于前运算时期,这个时期对于人的形象思维和抽象思维的发展都有十分重要的意义。从神经心理学家鲁利亚的脑皮层发展阶段来看,这一时期正是人的第二基本功能区的2级和3级皮层迅速发展的阶段。2级区负责人的知觉机能,3级区负责各种感知觉的联合,并在此基础上形成语词和符号的意义,完成多种信息的综合处理。这一时期对人的信息处理机能的发展非常重要,儿童在这一时期对玩具的要求也有了转变和新的要求。他们开始对玩具的样式和比例、平衡、重心、厚薄等性质进行"研究",比如可以看到他们对类似的玩具进行对照和比较。

因此,可以给这个阶段的儿童选择稍微复杂一点的拆装类玩具,还有智能玩具。玩这些玩具可以有效地提高儿童的视听知觉、空间机能、数量概念、想象力和初级思维能力。另外,主题玩具以及相应的游戏对这一阶段的儿童的脑功能开发有重要的意义,比如小医院、幼儿园、小交通岗、娃娃家等模拟类游戏。这类玩具和游戏可以有效地培养儿童的言语表达能力、社会交往能力以及想象和创造能力。研究还发现,这类玩具和游戏往往是这一阶段的儿童最为乐此不疲的活动内容。

第十七章

游戏与脑开发

脑科学提要：

- 游戏的发展既有种系的演化历程，又有个体的发展阶段，分别标示着种系心智能力的演进和个体心智活动的历程
- 探索活动与游戏密切相关，当孩子玩游戏的时候，他是在探索，他通过游戏进入了想象的世界
- 学前阶段儿童的主要成就是学会使用不同的象征，象征的一种主要表现形式就是象征性游戏
- 儿童的大脑机能在游戏中得到充分的发展

1. 游戏的种系发展

　　游戏并非只有人类才有，动物界里，特别是高级动物，比如一些哺乳动物，也普遍有游戏活动。

　　游戏对于动物的生存有着重要的意义。研究发现，动物实际上是通过玩耍的方式训练一些先天并不具备的技能，将来应用于捕食等生死攸关的活动中去。哺乳动物的这种玩耍活动通常是在幼小动物中表现出来。玩耍的意义一般体现在正处于学习阶段的幼崽身上，这些幼崽通过玩耍来学习生存的技能。

　　如果仔细观察的话，有这些玩耍需求的动物多属于具备某种"动物文化"的种类。这种动物文化对于该物种的生存至关重要，正是这种文化，才使得它们的后代可以在出生后依据生活环境掌握必要的具有相当可塑性的技能。比如，幼小的羚羊相互追逐、跳跃，用还未发育完全的角顶着玩。这种玩耍有两方面的意义：一是训练躲避猎食者，二是训练与同类争斗，以确定自己在本族群内部的等级。这两种活动对于羚羊的生存都是至关重要的。很明显，当危险来临时，只有具备迅速逃脱本领的羚羊才能幸存下来，在同一群体中的争斗胜利才能保证它们能够成功地繁殖。

　　我们还可以举猫科动物的幼兽相互玩耍的例子来说明游戏对于生存的意义。我们都见过小猫在一起相互厮打并追逐眼前一个运动着的物体的情况。比如，把一个毛线团扔到小猫眼前，小猫就会把它当成被捕捉的猎物玩耍起来。这种玩耍可以有效地训练幼兽最大限度地利用自己的身体，掌握追击和捕获猎物的技巧。再比如猎豹幼崽的玩耍，正是它们的猎食行为的一个缩影，幼年猎豹模拟成年猎豹猎食的动作，相互躲避、相互追击。这样，猎豹从幼年就开始通过玩耍获得有效利用自己身体的能力，得以使成年猎豹能够追击和捕获羚羊等动物作为食物。

除了陆地上的哺乳动物，水生哺乳动物也有一些我们平时没有注意的游戏活动，比如高等的水生哺乳动物海豚、海豹、水獭等，它们擅长的游戏有潜水和"杂技"，即那些在我们看来相当困难的活动。这些游戏的意义除了能保证它们调节自身的温度以适应环境的需要以外，还能维持它们所在的群体的团结，而群居正是它们在生存适应中选择的重要方式。

可以看到，动物的游戏随着动物的进化等级的提高，游戏的种类和复杂程度也在提升。**动物行为学**的研究发现，游戏有一个从简单到复杂的种系演化的过程。低等动物主要依靠本能的活动来适应外界的环境而生存，高等动物则需要根据环境的变化而调节自己的活动，学习和掌握必要的技能，才能生存下来。

> **动物行为学**：以各种动物的行为为研究对象的一门学科。

对于我们人类，游戏成为一种必不可少的活动，我们人类的幼年时期比其他动物都长，我们的幼儿正是在这个漫长的幼年阶段，通过游戏学习和掌握必要的行为和技能以便适应复杂的自然和社会环境。我们在后面将要谈到，人类的游戏有一个突出的特点，那就是人类游戏的社会性质，这是由于人类社会的复杂性决定的。正是由于人类的生存离不开社会交往，所以人类更需要在幼年时期就学会和掌握基本的社会活动的技能。

2. 游戏的个体演化

瑞士著名的儿童发展心理学家皮亚杰通过多年的观察发现，儿童的游戏要经历三个发展阶段。

第一个阶段是练习性游戏。这是幼儿最早表现出来的游戏类型，它于出生后的头两年出现。这类游戏的主要特点是对各种动作的重复再现，就像一种练习。这种练习游戏的一个内在动力是获得所谓"功能性快感"，其核心仍然是进化上的需要，因为对动作的练习正是一种适应性的学习行为。练习游戏的一种高级形式是打闹游戏，这种打闹游戏多在2岁以后出现。有些打闹游戏包含了更高级的成分，即出现了象征性的内容，这时已进入游戏的第二个阶段。

第二个阶段是象征性游戏。科学家通过研究发现，从发展心理学上来讲，人在幼儿园时期，或者说学前阶段，所获得的最主要的认知发展能力就是学会使用不同的象征。这种过程在相当程度上正是通过游戏来完成的，因为象征机能的一种主要表现形式就是象征性游戏。象征性游戏是儿童通过假装、假扮的方式表现他们幻想中的世界。早期的假扮游戏往往是通过用一个物体来代替另一个物体来实现的，比如儿童可能会用一个手里拿着的杯子来代表一顶帽子，或者用一块木头表示一只小猫。假扮游戏进一步发展，到3岁左右的时候，儿童可以用自己身体的某个部分来代替别人或者另一个物体。

在儿童的象征性游戏中，语言占有重要的地位。一些研究儿童游戏的专家收集了大量儿童的游戏用语言，表明在象征性游戏中，某些特定的语言形式获得了独特的发展，比如将不相称的两个事物故意放到一起，以达到取乐的目的。

社会戏剧性游戏：儿童模仿他们看到的家庭和社会生活的一种游戏类型。

象征性游戏的一个高级形式是在后期出现的**社会戏剧性游戏**。这种社会戏剧性游戏随着儿童的年龄的增长而日渐精巧和复杂，这种游戏也是人类所特有的与人类的社会生活形式密切相连的一种游戏。这种游戏可以完全出自想象，与周围的物品或人物无关，而且可以由几个游戏者共同进行。我们可以看到，儿童常常模仿成人的活动，装扮成各种职业的人，如老师、医生、病人、商店销售人员，进行预编好的游戏活动，就好像在排演戏剧片段一样，比如医生给病人看病、到商店买东西。

第三个阶段是规则性游戏。随着象征性游戏中组织成分的逐渐提高，象征性游戏的性质也发生了变化，取而代之的就是儿童游戏发展的最后一个阶段，即有规则要求的游戏。我们成人玩的游戏基本上都是规则性游戏。规则性游戏在儿童六七岁的时候开始出现，正像其名称所表示的，这类游戏的最主要的特征是有公认的规则，当然也可以是自己和参与者共同设定的规则。研究发现，儿童在早期阶段还认为规则不是由游戏本身决定，而是由权威的专家决定的，随着年龄的增长，他们逐渐意识到规则的意义是一种约定，是为了共同参与者的利益而设定的，因而只要大家意见一致，游戏的规则是可以改变的，所以可以由参与者协商决定。这样，他们便不再局限于一些固有的流行的游戏，在相当程度上扩大了儿童的游戏空间。

3. 游戏与脑功能的发展

游戏与脑功能发展的关系，主要体现在以下三个方面：

（1）游戏与探索活动：科学家通过实验发现，游戏与人类的探索过程密切相关，探索是游戏的前奏。

（2）游戏与想象机能：当孩子利用他们已经探索到的东西玩起来的时候，他们的大脑就开始了另一个升华，即进入了一个想象的世界。前面我们在讲儿童游戏发展阶段时已谈过，象征性游戏是一个重要的发展阶段，这个象征性的阶段正是儿童的想象力的发展时期。

（3）游戏与人际关系发展：游戏是发展幼儿人际关系的最有效的途径。人际关系是我们现在特别强调的情商的重要成分。情商的培育要从小就进行，因为幼儿时期的经验对于人格的成长是十分关键的。一个人能不能有效地与其他人交往，与他在幼儿时期所处的环境有着密切的关系。游戏正是这种环境的重要内容。作为成人，如果让我们回忆幼儿时所经历的事情，大概回忆不起多少来，但是可能对那时玩的游戏还留有较清楚的印象，可见幼儿时期的游戏对我们的影响有多深。

要通过游戏发展幼儿的人际关系，一个最重要的前提就是成人一定要和幼儿一起来玩游戏。如果只是给幼儿一个玩具，让他自己玩，那是没有意义的。成人有意识地与幼儿做游戏从他6个月就可以开始了。这时父母可以用各种玩具，只要是他喜欢的就可以，逗引他翻身，或让他抬起自己的双脚，或是抓弄自己的双脚来玩。下一步就可以往爬的活动上引导他，逐渐展开更复杂一些的游戏。

怎么做？
——介绍几种益智游戏

> 中国有十分悠久的历史，文化生活很发达，其中有益于智力开发的游戏种类繁多。这些游戏有着上百年甚至是上千年的历史，长期受到人们的喜爱，非常值得我们来深入地发掘。

1. "抓子儿"

"抓"在这里读作chuǎ，这个游戏已有几百年的历史了，崇祯八年（1635年）的《帝京景物略》中这样记载道："是月也，女妇间，手五丸，且掷且拾且承，曰'抓子儿'。丸用象木银砾为之，竟以轻捷。"大意是说，农历正月间妇女们玩耍"抓子儿"，游戏用的东西"子儿"是由象牙、木头、银砾制作的，玩法是掷、拾、承，即抛、抓、接的动作。

20世纪50—60年代，这种游戏在北京城区很流行，到处可见儿童，特别是女孩子们，围在一起，玩这种抓子儿的游戏，那时的"子儿"的品种更多了，玻璃球、果核，以及其他小东西都可以当"子儿"。

"抓子儿"游戏的玩法：

参加这个游戏的人数没有一定的限制，但一般多见于两三个人。玩的时候，先确定谁先抓。每个人手里或口袋里装着一些"子儿"。然后，一起同声说"出，出，一大把，不出一个就出俩。"随后参加者同时从口袋里抽出手来，张开手掌，谁手中的"子儿"多就谁先抓。接着，把每个人所有的"子儿"归拢到一起，撒在地上，讲好是抓三个还是抓两个，若大家同意抓三个，先抓者就只能抓那些撒开后自然形成的以三个为一组的"三子儿"。怎么抓呢？游戏者需要一个小布包，当然不一定非要用小布包，别的东西也行。游戏者先将小布包抛向空中，待包未落下时，迅速地将该抓的"子儿"抓到手中，注意只能用一只手来完成这个动作，然后再接住下落的小包。在抓子儿的过程中，如果不慎碰到了不该抓的"子儿"，或是没有接住下落的小布包，那就是失败了，叫作"坏子儿"。如果出现"坏子儿"就不能继续"抓子儿"了，就轮到下一位参加者进行了。如果游戏者没有出现"坏子儿"，那么抓到的"子儿"就全归"抓子儿"的人，他就可以继续抓下去，直到抓完自然形成的三个为一组的"三子儿"为止，余下的"子儿"可以会同游戏者下一轮所出的"子儿"一起进入新的游戏。"抓子儿"游戏不止这一种玩的规则，还有其他的游戏形式，不过这是最基本最常见的玩法。

"抓子儿"游戏对大脑功能的开发的益处：

首先，也是最明显的，这种游戏可以有效地提高儿童的手眼配合能力，这对于大脑功能正处于成长发育过程中的儿童非常重要。手眼配合不是一个简单的过程，这需要大脑皮层上额叶运动区支配手的运动的区域与位于枕叶的负责视觉机能的区域的密切合作。随着这种游戏活动的连续和反复进行，大脑的这两个区域间的突触联结就会越来越密切，网络的复杂程度也会增加。因为对不同的情况需要不同的处理过程，人的判断能力也会得到提高，而且是很具体、很有实际生存意义的手眼配合的判断机能。"抓子儿"通过训练人的手眼配合活动会有效地促进大脑的功能的发展。

其次，这种游戏还可以有效地促进人的空间操作机能。在玩这种游戏的时候，除了手眼配合以外，还需要估计物体的下落速度，在很短的时间内准确地抓到应该抓的"子儿"，这些都需要人的空间操作机能。空间操作机能是大脑的一个重要的基本机能，"抓子儿"可以让人在游戏中有效地提高这种空间机能。

2. "抓拐儿"

"抓拐儿"和"抓子儿"很接近，不过玩法不一样。"抓拐儿"在20世纪40—50年代的北京城区曾经十分盛行，特别是女孩子，很喜欢玩这种游戏。在东北地区也有不少人玩这种游戏，不过叫法不一样，他们把它称作"搬轮儿"。这种游戏的用具是羊后腿膝关节处的轮骨，这也就是它被称为"拐儿"的原因，有的人也管它叫"耍骨头"。这种游戏可能起源于北方游牧民族，随蒙、满入关而传入京城，进而流传起来。《帝京景物略》也记载了这种游戏，说明它也有几百年的历史了。

"抓拐儿"的玩法：

用具是一个小布包，或者是一个可以往上抛的东西，但不能太轻也不宜太重，要大小合适，容易用手接住。另外要准备拐骨，即"拐儿"若干。玩的人数没有一定的限制，两三个人比较多见。开始前先用手心手背的方法决定"抓拐儿"的先后顺序，然后第一个"抓拐儿"的人将4个（也可以是6个或8个）"拐儿"撒到地上或是桌子上，或者其他硬的平面上。随后，将小布包或是别的可以向上抛的东西抛向空中，紧接着迅速地用一只手将拐骨依次翻成同一个面，然后再接住下落的包儿。接着，再把包儿向上抛起，随即迅速地用一只手将4个（也可以是6个或8个）"拐儿"一齐抓在手中，这时再接住下落的包儿。这真是一个快速反应的过程，如果顺利地完成了这一系列动作，成功地接住了下落的小包，那这一次就是胜了，可以接着玩下去。如果没有按规定翻好拐骨的面，或者是没有接住下落的包儿，那这一次就是失败了，就轮到对方抓拐儿了。

"抓拐儿"对开发大脑功能的益处：

"抓拐儿"和"抓子儿"在开发大脑功能方面的作用基本上差不多，不过"抓拐儿"的难度更大一些，因为它要求人的反应速度要很快才行，而且是一个连续的过程，先翻面儿，然后再抓拐儿，两个动作都要求在短时间内完成。这不仅需要手眼配合的能力，还有一个连续操作的判断和执行过程。这个过程可以有效地训练人的空间机能、手眼配合活动以及系列化动作机能。"抓拐儿"在"抓子儿"的基础上更进了一步，训练的内容更多。

3. 击壤

击壤这个游戏的历史比前面说的"抓子儿"更久远，已有几千年的历史了。据传说，在尧的时期就有人在玩这种游戏了。那时有不少人在农田干完了活以后，就在大道上玩起了击壤的游戏。由于人们喜爱这种游戏，所以世代相传，虽然几经变化，却还一直保留着基本规则，流传到了今天。在20世纪90年代召开的全国少数民族体育运动会上，有一个"打飞棒"的竞赛项目，应该就是从古代演化到现代的击壤游戏。

击壤的玩法：

最初击壤是怎样的玩法，现在还没有办法考证，但对于汉魏时期的击壤游戏，我们可以在汉代人应邵所著的《风俗通义》中略见一斑。击壤所指的壤是一种木制的抛击物，形状像草鞋，一尺多长，三寸宽。玩的时候先在三四十步外将一只壤斜插在地上，然后把手中所持的壤向地上的壤击去，击中了就是赢了，击不中就是输了。然后轮流着做。明清时期的击壤有了一定的发展，作为主要用具的壤是两种不同的木棒：一个是长棒，叫击棒；一个是短棒，叫被击棒。玩的时候先在地上挖一个坑，挖出的土堆在坑边，叫壤，游戏者先将短棒放在壤上，一端悬于坑边，然后用长棒击打短棒的悬空部分，短棒由于受力而腾起，在其腾起未落的时候，再迅速用长棒击短棒，看谁击得远，击得远的就是胜者，击不中短棒或击中而不远者均为输。

20世纪初至五六十年代，北京胡同里时不时地会见到一些孩子玩一种叫作"打嘎儿"的游戏，玩法和明清时的击壤基本上是一样的。仔细观察起来，可以看出，击壤这种游戏其实与我们现在体育运动项目中的"棒球"有不少相同的地方。

击壤游戏对开发大脑功能的益处：

这个游戏对于人的判断能力要求很高，同时也需要人对空间物体的准确定位。人的视觉系统的功能中有一个是对空间物体在三维空间中的定位的处理机制，即"在哪里"的信息处理系统。这个系统在这个游戏中是非常重要的，要想击中"短棒"，没有对短棒的空间位置的准确定位是完不成的。因此，击壤游戏对于人的视觉机能有明显的训练效能。

4. 踢毽子

踢毽子的起始年代现在还说不清楚，但至少在宋代已经十分流行了，当时的集市上就有不少专卖毽子的。制毽子的方法很多，但多数是以铜钱为托，鸡毛为羽，把鸡毛绑在钱眼中，就做成了一个毽子。踢毽子这种游戏流传很广，不论男女老幼都可以玩这种游戏，20世纪30年代北京天桥把式中就有踢毽子这个项目。在国内许多城市的公园里或是广场等有空地的地方，经常可以见到男女老少不同年龄的人在玩这种游戏，成为一种不错的群众性的健身运动。

踢毽子的玩法：

踢毽子的玩法很多，一个人、两个人或多个人都行。踢毽子的时候，用脚的内外侧、足尖、脚跟都可以。踢毽子的技巧也很多，当毽子踢起来下落时，可以经过踢者的头部、肩部、背部、膝盖等部位后再踢起来。如果是两个人以上的话，可以采用对踢的方式，一个人传给另一个人，一个接一个地传来传去，动作既优美又灵活矫健。

踢毽子对脑开发的益处：

踢毽子的一个主要功效是训练人的运动反应能力，经过训练，人对于运动物体的判断能力会提高，"眼-脚距"（类似于"眼-手距"）会有明显的缩短，运动反应自然会更加灵敏快捷。踢毽子的另一个重要的训练内容是人的视空间机能，这也是显而易见的。此外，踢毽子还有一个功能就是训练肢体的平衡和协调能力。在踢毽子的时候，一只脚支撑在地上，另一只脚踢毽子，这需要人体的左右平衡、上下肢的配合以及各部分的协调运动。要完成这个动作，需要人的小脑及前庭器官调节身体的平衡，还需要锥体外系的其他组成部分的参与，因为各部分的肢体及肌肉也需要配合。踢毽子是一个复杂的活动，这个复杂的活动训练了脑的多个部分和多种功能。

眼-脚距：在需要视觉指导下进行腿脚的运作时（如踢球），从看到物体到起脚的反应时间。

5. 打陀螺

打陀螺这个游戏在古书中记述得很少，一个原因就是这种游戏主要是儿童玩的。《帝京景物略》中有过一些粗略的记载，至于这个游戏最早出现在哪个时期目前还不太清楚。日本也有这个游戏，按日本大修馆书店出版的《浮世绘大百科事典》的介绍，这个游戏是从中国经由朝鲜而传入日本的，而且按传入的时期算起，可能在北宋前中国就有了打陀螺这种游戏。打陀螺是一种广为流行的游戏，儿童是主要的参与者。20世纪五六十年代，国内不少地方都可以看到儿童聚在一起玩这个游戏。东北地区的人更喜欢在冬天的时候玩这种游戏，陀螺在冰面上一经抽打便会旋转不停，玩起来更有意思。

打陀螺的玩法：

陀螺的制法不复杂。找一块木头，将其削成圆锥形，即上面是平的，下面是尖的，或是在下面尖的部位镶进一个钢球。

稍微复杂一些的做法是把圆锥形的里面挖空，外面留下一个长条状的孔，这样，由于内部是一个腔体，当陀螺旋转起来的时候，会发出声音来，增加游戏的乐趣。

打陀螺的时候先用两只手握住陀螺，然后用力在地面上转动陀螺，使其高速旋转起来，随后用鞭子抽打陀螺的中间部位，这样就可以使它不停地转动。谁能使陀螺转的时间长，谁就是胜者。还可以在一次足足的用力之后，比试一下谁的陀螺最后才停下来。有一种玩法是比试"对撞"，即玩的人各自将陀螺打得飞快并向对方撞去，看谁把对方的陀螺撞得远，甚至是击倒了，最后停下来的就是胜者。

打陀螺游戏对脑开发的益处：

打陀螺可以训练人的眼和手的配合能力，特别是在用力的情况下，因为在准确性的前提下对力的掌握并不是很容易的事情。同时打陀螺还可以训练人对速度和时间以及空间距离的判断能力。

6. 抖空竹

抖空竹也叫抖空筝。明朝时期就有这种游戏。传统的空竹有两种主要形式：一种是在地上旋转的，有的地方也管这种空竹叫作"地铃"，因为它实际上不是在空中玩的；另一种是在空中抖动的，可以发出嗡嗡的声音，也就是我们现在可以看到的抖空竹。这种空中抖动的空竹也有不同的形状，一种是单筒的，即只有一个空的腔，另一种则可有两个空腔，叫双筒空竹。空竹有大有小，一般以多少"响"为区别，一个响就是一个孔，因为在抖动的时候，空竹会发出响声。响数从六、八、十二到二十四不等，响越多，个儿越大，声音也越洪亮。

抖空竹的玩法：

用两根半米左右的小竹竿与一米半左右长的线绳拴在一起，把空竹套入线绳中间，两手上下舞动小竹竿，空竹便可以在线绳中间旋转起来。用力越大，旋转得越快，响声也越大。抖空竹有很多花样，也就是不同的玩法，有"双竿轮转""猴爬竿"等，最难的是一种叫作"扔高"的花样，抖动的时候要能够把空竹抛向数米高的空中，然后再以线绳准确地接住。没有相当程度的训练是完不成这样的操作的。

抖空竹对脑开发的益处：

抖空竹可以明显地促进大脑两半球的协调机能，因为抖空竹并不是一件容易的事情，要想抖得好，两只手的配合是最为重要的一个环节，而两手的配合正是大脑两半球的协调活动。此外，抖空竹还可以提高人的视觉-运动反应能力，而且这是在对空间物体的运动状态进行操作的情况下进行的眼与手的反应配合，难度比较大，同时也训练了人脑的空间机能。

7. 翻绳

"一双小手，一条漂亮的小绳，在灵活的运作中，创造出一个个美丽的世界。"这是人们对于翻绳这种游戏的赞誉。翻绳也是一种传统的游戏，不过对于它的历史，笔者知道得很有限，20世纪五六十年代，人们常可以看到孩子们在一起玩这种游戏，这种游戏在女孩子中比较流行。

翻绳的玩法：

翻绳用的绳子不需要多长，有一米到一米五就足够了。这完全可以根据自己的需要而灵活决定。绳子的种类也没有什么特别的要求，只要不太硬，不易断就可以，当然是越柔软越好。至于绳子的颜色，这也要看自己的爱好了。可以根据自己要翻的东西选用不同的颜色，如果要翻一朵花，那就可以选红色和黄色。孩子对颜色是很敏感的，这样可以提高他们翻绳的兴趣。对于绳子的粗细，粗一点的比较好，因为粗一点的好翻，同时看着也清楚。

翻绳就是通过手的各种运作，利用手和绳子间的各种空间关系，把一条小绳子翻转成一个个有趣的图案。越是复杂的图案，翻转的难度也越大，翻绳子的技巧也越高，翻绳子的乐趣也越多。儿童们经常在一起比试，看谁能翻出的图案多。

翻绳游戏对大脑功能开发的益处：

首先，它可以训练孩子对空间的感知，如果说得深入一点的话，孩子们还会从中感受和体验到拓扑学的奥妙。这些内容对于孩子未来掌握高深的数学知识是非常重要的，他们这时的实际感知经验可以为以后的学习打好感性的基础。其次，它可以开发孩子的形象记忆能力。要翻出一个复杂一点的图案来，孩子需要记住翻的每一个步骤，同时还有每一步骤所连带的图案的形状。这可以促进他们的形象记忆机能的发展。再次，翻绳还可以训练孩子的手眼配合和精细动作。这对于大脑开发来说也是很重要的。

另外，翻绳还可以训练孩子的一种连续性操作机能。在翻绳的时候，孩子是一步一步进行的，一个环节接着一个环节，不能乱来，否则是翻不出图案来的。连续性操作就在这种过程中得到了提高，而连续性操作正是我们人类信息处理的一种基本方式。翻绳的训练可以通过连续性操作产生一定的迁移作用，从而提高孩子在其他认知活动中的品质。

8. 折纸

早在北朝和隋代，我国就出现了折纸艺术。这种艺术操作简易，材料经济，深受民众欢迎，所以一直在民间流传着，并且成为家庭的一种有趣的娱乐活动。

折纸的玩法：

折纸的基本技法有折、剪、拉、翻和组合。用具很简单，纸和剪刀就行了。纸最好有不同的颜色，这样可以增加乐趣和作品的美感。折纸的玩法主要是看可以折出什么东西来，这个空间很大，因为折纸可以折出各种各样的东西。可以折出交通工具，比如船、飞机、汽车、火车等；可以折出家庭用品，比如拖鞋、挂钟、手表、衣柜、桌椅等；可以折出各类动物，比如猫、狗、狮、虎、羊、马等；还可以折出各种人物形象，比如《水浒传》中的人物、《三国演义》中的人物，或者《西游记》中的人物等。

折纸游戏对大脑功能开发的益处：

首先，折纸可以促进儿童对几何形状的认知和把握，折成不同的东西主要是靠对形状的掌握，靠形状来模拟所要表现的事物。在折纸时需要大量使用正方形、三角形、菱形、多边形和圆形，在折纸的过程中，儿童会很自然地认识这些几何图形，并且建立这种几何形状与自然形状之间的联结，这些认知活动对儿童数学、物理等学科的学习很有好处。

其次，折纸可以促进儿童的观察和想象机能。要完成一个折纸，特别是自己创作一个作品时，需要对事物进行仔细观察，这不仅需要对细节的了解，更需要掌握部分与整体的关系、各部分之间如何连接，以及如何形成一个立体的结构，然后还要在头脑中建构出一个模拟的表象，把外界实物用一种概括的方式通过另一种形式呈现出来。这些活动会极大地促进儿童对事物的观察能力和在头脑中借助想象进行操作的机能。

此外，折纸还可以提高儿童的视-空间和手眼配合能力。在折纸过程中，儿童要不断地用纸进行折、拉、翻和组合等空间运作，这些都需要人的视-空间操作机能和手眼的协调配合能力的参与，折纸的多种变化和组合的**变通性**更会加强这方面的训练。

变通性：从一种形式转换到另一种形式的可能性。

第十八章

音乐与脑开发

 **脑科学提要：**

➢ 音乐对脑的作用是多方面的：

　　促进听觉皮层的发育

　　有利于两半球的沟通，促进胼胝体的发育

　　提高人的内部空间感知能力

　　提高人的数学能力

➢ 从脑损伤可能造成"失歌症"的事实可以证明，音乐就像语言一样，是人类的一种特殊的机能

➢ 听音乐和操练乐器是两个不同的音乐活动过程，需要不同的大脑部分的参与

1. 音乐与大脑

脑科学的新近研究发现，音乐不仅可以促进大脑听觉皮层的发育，还可以促进脑的其他部位的发育，特别是联结大脑左右半球的胼胝体的发育。听音乐促进大脑不同部位的交流与沟通，包括左右脑之间的联系，这些活动有利于胼胝体的发展。

明尼苏达大学的克里斯托·潘特夫及其同事对音乐和脑的活动的关系进行了研究，他们给乐师和不懂音乐的人演奏了一段钢琴曲，通过功能核磁技术记录他们随音乐而出现的大脑活动。结果发现，乐师和不懂音乐的人在大脑活动方面有明显的差别，前者大脑活动的水平比后者大致高出25%。更有意思的是，在乐师当中，大脑活动的频率与其开始音乐训练的时间有很高的相关性，音乐训练开始得越早，大脑对音乐的反应活动越强烈。音乐训练使乐师能够更有效地处理音乐信息以便于演奏。

1982年美国出版了一部由神经科学家和认知科学家共同撰写的专著《音乐、思维和大脑》，汇集了这一领域的主要研究成果，引起人们的关注。近些年来，颇具影响力的英国《自然》杂志、美国《科学》杂志，以及脑科学研究中的一些专业期刊，如《大脑》《神经心理学》《神经科学通讯》《神经学研究》《认知神经科学》，也刊登了一系列有关音乐和脑的联系的研究，表明这方面的研究工作正在走向深入。

德国脑科学家相信，在人类的大脑中有一个增大了的区域可以用来解释是什么导致了贝多芬和莫扎特具有那样特殊的音乐才能。他们用PET（正电子发射断层扫描术）测查音乐家和普通人的大脑，发现具有音乐天赋的人左侧大脑颞叶的颞平面明显比普通人的大。这个区域与音乐感知能力有直接的关系。有趣的是，这个区域同时也负责人类的言语感知能力。这大概可以用来解释音乐与言语活动的关系。研究还发现，那些有音乐天赋的人一般在7岁以前就开始了音乐感知能力的训练，这个区域因此而得到了开发。如果一个人到了10岁还没有接受这方面的训练，他的大脑重建音乐感知模式的可塑性便受到了限制，也就错过了我们前面提到的关键期。

对音乐的感知及运用是我们人类心理活动的重要组成部分，音乐的萌生和发展是人类进化的产物。文化人类学研究的结果表明，在古代社会，音乐明显起着一种重要的协调和统一的作用，唱歌的功能之一是我们人类群居时与同伴进行联系的手段，音乐和歌唱的这些作用一直延续到今天。从种系演化的角度来看，对音乐的感知及运用是我们人类的一种特殊的机能。从个体演化的角度来看，也是这样。对婴儿的研究发现，婴儿确实有一种与生俱来的评估音高的能力。

对音乐的欣赏、创作，弹奏乐器及歌唱是人类具备的一种特殊的机能。我们的大脑对此有专门的负责区域，最直接的证据来自神经心理学的研究。神经心理学的研究发现，当人的大脑的某些特定部位受到损伤以后，会出现"**失乐症**"或"**失歌症**"。患者对过去熟悉的歌曲突然感到十分陌生，过去自己唱得不错的歌现在也不会唱了。细分下来，这是两种不同的障碍：一种是对音乐的感知上的障碍，即听不懂了；另一种是对音乐和歌曲的表达上的障碍，即不会唱了。这同脑损伤导致的失语症的情况类似，听不懂的，叫作感受性失语；说不出的，叫表达性失语。"失乐症"或"失歌症"的存在，证明对音乐的感知及运用就像对

失乐症：脑损伤导致的音乐感知和操作机能障碍，表现为听不懂音乐或唱不了歌，或不会操作以前熟悉的乐器等。

语言的感知及运用一样，也是人类所具备的重要机能，大脑有专门的区域管理这些机能，理解音乐和操作乐器是两个完全不同的过程，分别由大脑的不同部位来负责。当人听不懂音乐时，操作乐器可以不受影响，而不能操作乐器时，不见得患者也听不懂音乐，人脑对于音乐的感知和表达是分开管理的。

2. 音乐与几种认知机能的关系

由于音乐与人脑有着密切的关系，所以音乐会对人脑的认知机能产生影响。目前的研究结果发现，音乐会影响人的多种认知功能，其中主要的或较明显的有以下几种机能。

音乐与数学机能

数学与音乐，好像是两个不同领域的内容，然而对音乐有深入理解的人凭直觉都能感到，音乐与数学是有相当大的关系的。

心理学家的研究表明，音乐与数学之间的联系是因为两者都依赖于人的**时空信息处理机能**。在弹钢琴的时候，人需要按特定的形式和手指组合来进行复杂的技巧活动，才可以弹奏出美妙的音乐。从信息处理的角度来看，这就是将时间和空间的关系以一种艺术的方式表现出来。有一项引起人们关注的研究报告说，每天听听莫扎特或其他人的音乐可以提高儿童的智力。虽然这项实验还没有得到人们的重复验证，但另一些研究也发现音乐训练可以提高儿童的时空推理能力，并且因此而促进了孩子数学机能的发展。

> **时空信息处理机能**：指对时间和空间信息进行分析、综合和处理的大脑功能。

音乐与语言机能

香港中文大学的研究人员对60名女学生进行了记忆方面的测试，发现小时候受过音乐训练比没有受过训练的人在记忆文字材料方面有明显的统计学上的差别，受过训练的比没有受过训练的可以多记忆17%的文字材料。这个实验结果和前面我们了解到的音乐家的左脑，特别是颞平面的面积比普通人的大，是很吻合的。颞平面这个区域我们在前面谈男女两性认知差异时就提到了，它与人的言语机能有密切的关系，女性的这个区域明显大于男性，现在我们看到的音乐家与普通人在这个区域上的差别也反映出音乐与言语活动的联系。

音乐可以提高人的语言能力还有一个重要的原因，是音乐可以通过节奏、重复、停顿等方式促进儿童的表达能力的发展。

音乐与空间机能

我们前面提到，音乐之所以能够提高人的数学能力，原因之一就是它可以促进人的心理活动的内部空间能力的发展。

心理活动的内部空间指的是人脑对时空信息进行处理的内部系统，它恰恰是数学机能的一种重要成分。音乐的节奏和旋律都与人的心理过程中的内部空间密切相关，最明显的就是交响乐。对交响乐的感知和理解离不开人对三维空间的把握，组成一个交响乐曲的各个不同的成分，代表着不同的音乐表象。这些表象以一种作用到听觉器官的知觉性的语言，在人的头脑中构成了一个个立体的音乐的形象，在这种内部空间中完成复杂的情感表达。实践证明，音乐训练，特别是交响乐，可以促进儿童这种内部空间表象的形成和操作能力。

因此可见，早期开发儿童的音乐能力可以提高脑的多项认知机能。

3. 大脑对音乐也有选择

谈音乐与大脑的关系，我们还要弄清一个问题：是不是不管什么音乐都会对大脑的开发有好处？

对这个问题有明确的回答：不是。有些音乐非但不会给脑的开发带来好处，还会对儿童的心智发展产生不利的影响。那么哪些音乐会有这种不利的影响呢？

不和谐的音乐

不和谐的音乐指的是那些在音量、节奏、旋律等方面起伏变化无规律、反差强烈、变化过大的音乐。当人听这种音乐的时候，会感到紧张，生理上也会出现明显的变化，呼吸和心跳都会变快，血压也有可能升高。常听这样的音乐会给儿童的心智发展带来负面的影响。

嘈杂之音

所谓嘈杂之音，指的是那种节奏乱、音调怪、声音杂的音乐。这种音乐与人的生理节律不吻合，听着让人感到不舒服，长时间听这样的音乐会让人有一种受刺激的感觉，影响人的身心发展，还会对人的记忆和反应能力有不良的作用。

对于婴幼儿，嘈杂之音更会比较明显地干扰心智的正常发展，特别是对注意和认知机能的发展会有阻碍的作用。研究发现，长期在嘈杂之音背景下生活的儿童，其智能要比正常儿童低。个别儿童还会出现心理恐慌，受影响严重的儿童还可能产生变态心理。我们都会注意到这样的情况，在摇篮中的婴儿会因为听到打雷、放爆竹的声响而被吓得哭起来。嘈杂之音的作用和这种情形差不多，只是程度不同而已。

因此，选择给婴儿播放的音乐时，应当特别注意避免那些过响、过乱的音乐。

4. 民乐与大脑

祖国医学对音乐与人的身心健康之间的关系做过深入的观察和临床研究，我们可以从中汲取重要的成果，应用到脑功能的开发上来。

我国古代有五音系，将音乐分为五个不同的调式，即角、徵、宫、商和羽。古人还有机地将这五个不同的调式与五行，即木、火、土、金和水相配，进而与五脏，即肝、心、脾、肺和肾相联系，从而形成了完整的天地五行协调、天地人合一的理论，为我们通过音乐进行治疗和养生保健奠定了基础。

中医认为，角为春音，属木，通于肝，角音能够促进全身气机的展放，调节肝胆的疏泄；徵为夏音，属火，通于心，徵音能够促进全身气机的提升，益心阳，助心气；宫为长夏音，属土，通于脾，宫音能够促进全身气机的稳定，协调脾胃的升降，有助于人的消化机能；商为秋音，属金，通于肺，商音能够促进全身气机的内收，调节肺气的宣发和肃降；羽为冬音，属水，通于肾，羽音能够促进全身气机的下降，有利于肾的藏精功能。

这里可以看到，角音和徵音主要具有兴奋作用，因而能够促进儿童大脑的兴奋过程，有助于提高学生的学习效率；宫音、商音和羽音主要具有抑制和协调兴奋和抑制两种过程的作用，因而能够促进儿童大脑的抑制活动，有助于消除疲劳，促进放松和入静，能提高儿童抑制能力的发展。

此外，上面的联系还告诉我们，五调与四季有着密切关系，因而用音乐开发大脑功能也要考虑季节的因素。也就是说，春季宜多听角音，兼听商、羽、徵调；夏季宜多听徵音，兼听羽、角、宫调，也宜多听宫音，兼听角、徵、商调；秋季宜多听商音，兼听徵、宫、羽调；冬季宜多听羽音，兼听宫、商、角调。

怎么做？
——用音乐开发大脑

> 音乐可以开发大脑的多项机能，包括数学、言语、记忆功能等。
>
> 音乐感知和音乐操作是两个过程，这是人类大脑的分工。两个过程都可以开发大脑功能。

1. "听"和"动"

音乐训练可以分为"听"和"动"两个过程。

所谓听的训练，就是让孩子感知音乐，认识音乐，理解音乐。所谓动的训练，就是让孩子动手操作乐器，通过演奏活动来训练儿童的大脑。

听音乐和操作乐器训练的是不同的大脑部位。划分这两个过程可以指导我们的训练思路：当孩子还不大的时候，"听"的音乐训练就可以开始了，不一定要等到孩子的精细动作发育得不错的时候才开始进行。"听"对大脑同样有明显的开发作用。

2. 运动参与

通过听音乐训练提高儿童的智力并不是简单地让孩子听听音乐就行了。如果你想让孩子从音乐训练中完全获益，建议家长们让儿童在听音乐的时候，把肢体运动也加入进来，积极地参与，全面发挥音乐的益智功能。比如让儿童随着音乐踏步和旋转，找出那些儿童喜欢的音乐，尽情地播放，让儿童全身心地融入音乐的环境。

第十九章

舞蹈与脑开发

脑科学提要：

- 躯体-运动智力是多元智能中的一个组成成分
- 舞蹈是建立在"脑-身体运动"基础上的复杂过程
- 躯体伴随着音乐有节律地运动，需要脑的多个区域参与活动
- 舞蹈训练可以有效地促进人脑对于肢体的运动和控制，有利于锥体系和锥体外系的协调发展，对于大脑的开发很有好处

1. 舞蹈与大脑

舞蹈是人类的一种天性，出生才几个月的孩子就已经能用"手舞足蹈"来表示自己的快乐和满足的情绪活动了。1周岁的孩子可以随着音乐的旋律摆动自己的身体，动手臂、手腕，拍手或点头。当孩子学会走路的时候，他们便会不停地运动腿和脚，特别是当他们学会了双腿交替跳和并拢跳的时候，你会发现他们总是不知疲倦地蹦呀、跳呀，特别是当有音乐播放的时候。这些都提示我们，人类具有舞蹈的天性。

舞蹈是一种十分复杂的需要多个感觉运动通道共同参与的艺术活动过程。舞蹈反映出来的机能是人类多元智能中的一个成分——躯体-运动智力。这项机能是人对自己躯体的活动和技能的掌握和运用能力，舞蹈更是在这个基础上增加了艺术上的成分。因此，舞蹈是在更高的层次上对肢体的运动和技能的操作。作为我们人类智能的一个方面，舞蹈是我们人类大脑皮层的一种功能活动。

首先，人的躯体的运动就不是一个简单的过程。人的有目的的动作，特别是有象征性意义的动作，更是一个复杂的过程。象征性动作的出现在进化过程中具有重要的意义。舞蹈由各种表现形式的象征性动作组成，情感通过这些象征性动作表达出来，人的精神活动通过这种形式的语言表现出来。舞蹈的人也在这种艺术形式中让大脑的多个区域和躯体共同参与了一个统一的过程，使身心达到统一。

同时，在舞蹈过程中，躯体伴随着音乐有节律地运动，在相当程度上不仅使大脑皮层的多个区域展开了频繁的联合，也使皮层和皮层下部位建立了协调性关系，特别是支配我们随意运动的锥体系与协助它工作的锥体外系的合作。锥体系和锥体外系是人类运动神经系统的两大部分：一个管理随意运动，一个起着协调姿势、控制张力等配合作用。我们人类的各种复杂的活动都是在这两个系统的协同配合下完成的。舞蹈可以有效地促进这一协同过程，因而对大脑的功能是一种很好的训练。

2. 舞蹈与几种认知机能的关系

首先也是最为明显的，舞蹈可以促进人的运动机能的发展，特别是运动的协调能力。舞蹈的时候，人的躯体和四肢在空中不停地舞动，互相之间需要在节律上达到完美的和谐，这主要靠肌肉运动过程中的相互协调配合。

其次，舞蹈可以促进人对音乐的感知和运用。舞蹈常常是伴有音乐的，在舞蹈的过程中，不仅肢体的运动达到了互相配合，同时人对音乐的感知和领悟，以及对音乐的运用也得到了培育。

再次，舞蹈还可以开发人的视空间机能。在舞蹈的时候，人实际上是在与空间交互作用，通过肢体与空间的各种关系，编织出各种具有表征意义的形象，用一种空间的符号，来表达人的情感。在这个过程中，人对于空间的把握能力自然会得到很大的提高。

最后，舞蹈还可以促进认识活动与情感活动的交流和统一。在舞蹈的过程中，人是在一种情感的驱动下，用肢体来抒发情感的。这个过程会使人的情感活动与肢体运动建立更为紧密的关系，促进身心的交融。

怎么做?
——通过跳舞开发大脑

> 什么时候可以开始通过舞蹈进行大脑功能的开发?

舞蹈是一种特殊的、复杂的躯体活动。这种复杂活动需要学习才能掌握,学习的基础是人类的模仿能力。人类从什么时候开始有了基本的模仿能力,也就可以开始进行舞蹈训练了。

从儿童发展历程上看,2岁以后,孩子的模仿能力便充分表现出来,这时你可以发现他(她)会模仿大人的各种动作,模仿动物的形态,甚至是自然界的变化,比如打雷。模仿动作的大量出现标示着孩子的中枢神经系统的发育和受其支配的骨骼肌肉系统已经达到了相当的水平,此时进行舞蹈训练已经有了基础。

第二十章

绘画与脑开发

 **脑科学提要：**

➢ 绘画可以开发人脑的多项认知和操作机能，其中包括：

　　眼–脑–手的配合

　　表象机能

　　视–空间机能

　　结构性机能

　　想象力

　　形象思维能力

　　创造力

　　记忆力

　　注意力

➢ 绘画既可以开发右脑，也可以开发左脑

1. 绘画的神奇作用

绘画对人类大脑的开发意义很大。人类学和脑科学的研究表明，绘画能力是人类脑功能发展到相当程度的指征。它是伴随着人类的言语和社会活动而发展起来的现代人的标志。现在还不清楚古人类什么时候开始绘画，但是至少可以说，在早期人类生活的岩洞里发现的画在洞壁上的各种动物和人物的形象已清楚地提示，当时人类的大脑已经有了高度的想象力和思维能力。

绘画具有多种功能：绘画不单是一种艺术形式，它不光带给人们精神上的感受，而且还有多项其他职能。绘画在医学上是一种治疗手段。在精神科，它可以作为一种精神康复的方法；在神经康复科，它可以成为一种脑功能康复的手段。

绘画更是一种重要的交流工具，它可以表达语言表达不了的内容。用图形和绘画来表达思想是人类最早发明的而且还在继续发展的具有跨文化功能的交流手段。

2. 儿童绘画机能的发展历程

儿童发展心理学专家研究儿童的绘画，发现儿童绘画有这样几个发展阶段：

（1）涂鸦期：这是孩子绘画能力发展的第一个时期，是孩子在刚开始拿起笔来画画时的表现。儿童一般是在3岁左右的时候开始画画。这个时期的画有个最主要的特点，那就是画的内容没有明确的形状，好像是胡乱地画出来的线条，所以叫作涂鸦期。儿童这时手眼不协调，动作与符号之间没有一致的对应关系。

（2）基本形状时期：3~4岁的时候，孩子的画进入了一个新的时期，这时可以看出一些简单的基本形状了，比如方形、圆形、三角形等。孩子进入这一阶段，表明他们的动作和符号之间已经有了一定的联系。

（3）个性体现时期：4岁以后，儿童的画有了很大的发展，我们可以从他们的画里明确地发现他们的个性。这也构成了检测儿童心理活动的一个窗口。有一种测评儿童心理活动的手段，就是分析孩子的画，因为4岁以后，他们会以自我为中心，把他们脑子里的东西用线条和图形表现出来。我们可以从中发现他们的个性发展情况，他们在家里以及与周围环境的适应情况。

3. 绘画可以开发哪些大脑功能？

绘画可以开发大脑的多项认知和操作机能。

第一，也是最明显的，它可以促进人的眼-脑-手之间的协调活动。这是人类生存和劳动的基础，是人类进行各种活动的重要保证。我们可以观察一下，我们每天进行的大量工作是不是都需要这种协调活动？从简单的日常起居到较复杂的使用仪器、操作电脑，都需要眼、脑和手的有机配合。这种配合和协调对于人类有效地进行各种复杂的认知操作意义十分重大，它也是人类进化的一个趋向。

第二，绘画可以促进人的表象能力的发展，提高人形成和操作表象的机能。在绘画的时候，特别是在构思画面的时候，人需要在大脑里形成各种各样的表象，同时还要有意地、主动地使这些表象发生变化，也就是对这些表象进行各种操作。形成表象和对表象进行操作是大脑的一项十分重要的机能。这种机能在画画的过程中得到了特别的训练。

第三，绘画可以提高人的视-空间机能。绘画的时候，我们在头脑中展现了一个视觉空间，这个空间再现了我们通过视觉观察到的空间以及空间中的各种物体。我们前面提到的表象机能主要指的也正是视觉表象，视觉表象是与视-空间机能密切联系在一起的大脑功能。视-空间是三维的，我们画画的时候，是在两维的平面上进行的，在平面上将三维的立体物体描绘出来，这不光要靠透视技法的学习和掌握，而且也是一种对视-空间的运用和操作过程。

结构性机能： 指大脑对于空间结构的认知、操作和处理功能。

第四，绘画可以提高人的**结构性机能**。物体的结构与空间有着不可分割的关系，结构是在空间中展开的，对结构的掌握也是与空间联系在一起进行的。绘画不仅可以训练视-空间机能，也训练了对结构的认知和把握。

第五，绘画可以提高人的想象力。人在根据一个主题创作一幅画或是没有主题自己想象着画的时候，必须靠他的想象机能。没有想象机能是完不成这项活动的。临床神经心理学研究发现，当病人右侧大脑的一些部分受到损伤之后，在测试绘画的时候，照着图临摹一张画还马马虎虎过得去，但是要让他自己想象着画出任何一个东西的时候，却怎么也画不出来了，原因就是脑损伤使患者的想象机能受到了破坏。没有了想象的机能，脑子里就不能形成一个形象的事物，自然也就画不出来了，哪怕是最简单的桌、椅、书、笔一类的东西也是很难画出来的。想象机能在绘画过程中可以得到充分的发掘，绘画是开发想象力的一个绝好的方式。

第六，绘画可以提高人的形象思维能力。人类的表象机能、视-空间机能、结构机能和想象机能是相互间既有差别又密切相关的大脑机能。在这几项机能的基础上，人类得以发展出更高一层级的大脑机能，即形象思维能力。

第七，绘画可以提高人的创造力。创造力与人的形象思维能力密切相关，研究发现，发明创造能力强的人的形象思维能力也很强。绘画活动在提高人的形象思维能力的同时，也培育了人的创造力。

第八，绘画可以提高人的记忆能力。绘画有各种方式，其中有一种叫作默画，是个基本功，默画就是把眼前的物体拿开，让你根据你的记忆把这个物体画出来。另外，画画中的速写，是对现实事物进行真实的描绘，其中包括运动着的人或物。活动的人或物不会总待在那里不动，要想捕捉住那些现实中发生的真实的动作和形态，画画的人就需要具备迅速记忆的能力，特别是在运动速写的时候，这种功能更是十分必要，否则是画不成的。在完成默画和速写的过程中，人的记忆力会得到很明显的提高，当然这里主要指的是对形象的事物的记忆。

第九，绘画可以促进注意能力的发展。

我们在临床曾对因脑部受伤而导致注意缺陷的患者进行过绘画训练，康复的效果十分明显。特别是对一种特别的注意障碍——**忽视症**，效果很理想，这已经成为临床康复治疗的一种常规治疗方法。这种病症主要是由于右侧大脑的顶叶受到损伤，患者会对左侧的人或物丧失掉注意的机能，会给生活和工作带来很大的障碍。让患有这种病症的人在医生的指导下进行临摹，根据自己的想象练习绘画，会在相当大的程度上使患者恢复对忽略的部分的注意。这虽然是临床上的案例，但它清楚地说明了绘画对于促进注意机能的作用。

对于我们正常人，注意机能同样可以通过绘画得到提高。不论是临摹还是默画的时候，都需要对细节以及部分和整体的观察，如果同时有几个客体在内的话更需要这种观察。注意品质的几个方面，包括注意广度、注意的稳定性以及注意的选择性都会在这种观察-绘画的活动中得到训练和提高。

忽视症：脑损伤后出现的对一侧空间的忽视或不认知症状。

怎么做？
——如何面对孩子的"涂鸦"

> 绘画活动需要大脑众多认知和操作机能的参与。实践表明，绘画是一种非常有效的开发大脑多项机能的活动。

1. 随意画最好

画画时不必要求孩子老老实实地坐着，按部就班地在规定好的小小范围内画规定的内容。事实上这也是不可能的。孩子在刚开始画的时候，是绝不会按你的要求画的。至少从画画的进阶来看，他还没有发展出这个能力。如果一定要求孩子规规矩矩地画画，那是肯定学不好画的。更为重要的是，这样的话开发大脑的作用也就谈不上了。要知道，我们是想通过画画来开发儿童的大脑机能的。

一位很有经验的画家特别强调孩子画画时乱画的重要性。他认为，孩子画画是一种创造力的发挥，要求太多，必然会对这种能力起到制约作用。所以，让孩子画画时，当看到他在自己可以用的空间中任意发挥时，比如在黑板上、过道上、桌子上、地上胡乱地涂画时，千万不要过多地限制，只要不对家具和房屋造成破坏，就不要管得太多。让他随心所欲，尽情发挥吧，这对他的大脑会很有好处的。

2. 反过来画画

通过画画来开发大脑还有一个很有效的方式，就是采用一种特殊的绘画方式——反过来画，或简单称为画反画。

什么是画反画呢？就是给孩子看一个颠倒过来的东西或图片，让他把这颠倒着的东西或图片正着画出来。比如给他看一张颠倒放着的书桌图片，要求他照着画出一个正常放着的书桌来。

为什么要这样画呢？这是对我们前面提到的大脑两半球功能偏侧化机理的具体应用。根据大脑左右半球分别偏重于分析性和综合性的信息处理的差别，这种反常规的画法可以充分调动大脑两半球的功能。正常临摹的时候，即看的是正的图，画出来的也是正的时候，我们虽然在用我们的右脑进行主要的描绘工作，但由于我们认识看到的样品或图片，对它们应该是什么样子脑子里早就有了模板，这样在画画的时候会很自然地用我们的左脑进行推理，比如说该画什么地方了，那个地方应该是什么样的，在我们的头脑中都有一个定型，我们会用左脑进行相应的推理。如果哪个地方有了问题，左脑也会及时告诉我们"这可能不对""不能这样画"。当然左脑的推断未必与现实观察到的一致，这时就会出现一些理性的错误。而当画反画的时候，我们观察到的东西在我们的头脑中没有相应的模板，左脑发挥不了它的作用，很难参与，这时只能充分运用我们右脑的观察和操作机能，右脑的视-空间机能会得到充分展示，综合性和整体性的观测和思维方式也会在这种绘画训练中得到明显的提高。同时，绘画技能本身也提高了不少。

我们在实践中对不少幼儿园和小学的儿童采用了这种训练方式，效果很不错，不仅能较快地提高他们的绘画水平，更为重要的是能显著地提高他们的整体观测能力和视-空间操作机能。建议家长和老师不妨也试一试这种方法。

第二十一章

运动与脑开发

 **脑科学提要：**

➤ 运动可以改善脑的血液循环

➤ 运动可以促进大脑皮层的发育

➤ 运动可以促进大脑皮层和皮层下结构的联系

➤ 运动可以提高人的视－空间机能

➤ 运动可以提高人的反应能力

1. 运动与脑开发的关系

运动可以开发人的大脑功能吗？

研究人员通过实验有力地说明，作为一种运动形式，体育训练对学习有明显的促进作用。法国科学家进行了这样一项研究，他们选择了两组学生，从1年级到6年级不等。一组学生参加额外的体育运动，一组没有。然后比较他（她）们的学习成绩。结果发现，尽管参加体育训练组较不参加体育训练组接受法语的课时缩短了13％，但从1年级到6年级，参加体育训练组都比不参加体育训练组在学业上的成绩好。

运动为什么能促进学习呢？原因是运动可以促进脑力的发展。这有以下几方面的原因：

首先，运动改良了脑的血液循环。血液循环的改善可以进一步促进脑的发育和智能的发展。脑对于血液供应是非常敏感的。脑重虽然只占体重的3％，但其血液消耗量却占到心脏总输出量的20％，耗氧量为全身所需的25％。脑在工作时所需的血液是肌肉活动所需要的15~20倍。这些都需要体育活动来保证。

其次，运动可以有效地开发大脑右半球的机能。速度知觉、距离知觉、深度知觉都是人在运动时必需的几种基本知觉能力，这几种知觉都与人的大脑右半球密切相关。运动最需要的这些基本素质，正是大脑右半球的开发结果。

再次，运动可以提高人的反应速度和反应强度。运动生理学测量的结果表明，经常运动的人比不经常运动的人的视觉运动反应时间要快得多。视觉运动反应时间指的是从人接受视觉信号，传送至大脑皮层，经大脑皮层的分析判断，再由运动区发出指令，到肢体运动肌群接到指令做出相应的反应这段时间历程。经常运动的人的平均反应时间是0.12~0.15秒，而不经常运动的人则需要0.3~0.5秒。两者相差达两倍多，可见运动对神经系统的开发作用。

最后，运动可以促进智能发育还可以找到脑的组织结构上的依据。美国的研究人员做过这样一个实验：他们把小白鼠分成两组，分别放到两个完全不同的环境中。一组小白鼠所处的环境有着足够的活动条件和丰富的活动内容，它们可以自由自在地活动。另一组小白鼠所处的环境正好相反，它们被关进了一个黑暗的笼子里，不能自由活动，每天除了吃就是睡，生活非常单调。过了一段时间，对这两组小白鼠的大脑的发育情况进行了检查，结果发现，那组在有良好条件和丰富活动内容的环境中的小白鼠由于经常活动，大脑明显比那组在条件差的环境中不活动的小白鼠发育得好，表现为大脑皮层更厚，也更重。

2. 手的运动与脑的发展

关于运动和脑的关系，我们这里还要特别提到手和脑的联系。因为我们谈的很多种运动都离不开手的运动，特别是一些精细性的动作。这也是我们人类特有的一种机能或运动形式。

手指运动和大脑的发展有什么关系吗？

从人类的演化历程来看，手与脑有着十分密切的联系。我们人类从动物界里分离出来，不光演化出一个非常发达的大脑，而且还有一双十分灵活的手。人类的手不仅在形态和结构上与其他动物有很大的区别，而且在机能和一些特定的运作上，更是其他动物，包括高级灵长类动物，所望尘莫及的。"冰冻三尺，非一日之寒。"人类的手所具有的特殊的活动能力，尤其是拇指与其他四指的分化、特殊的对掌动作，即拇指与其他四指的对应动作，都是经过了生物学意义上的漫长岁月才进化完成的。人类大脑的进化、智能的发展，在相当大的程度上是与人手的运用相并行的。我国有句俗话，叫作"心灵手巧"，反过来讲就是"手巧心灵"，这正反映了一个十分重要的科学事实——手的运用促进了大脑的发展。

对于手和大脑的关系，以及手的机能的重要性，我们还可以从人类大脑的**皮层功能分布图**上清楚地看出来（见图21-1）。皮层功能分布图将大脑皮层所负责的躯体机能用图的形式表示出来。人的躯体的各个部分都在大脑皮层上有所对应，然而这种对应并不按照这些躯体部分的实际大小而定，而是依据它们在机能上的重要程度或应用程度而定。越重要的部分，功能区也越大，越是机能相关的部分，相互间离得也越近。

皮层功能分布图：按照大脑的细胞构筑将负责不同功能的大脑区域标示出来的脑图。

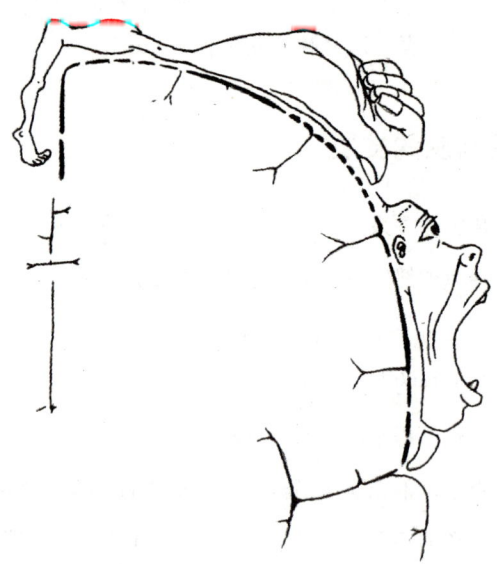

图21-1：手指代表区在大脑皮层上的定位。

在这个脑功能分布图上，手指所占的比例相当大，而且与言语机能区（特别是运动性言语区）十分接近。这不仅反映了手指运动的重要性，同时也提示我们手指运动与其他脑功能的关联。手指的运动可以促进相应的脑区的分化和成熟，从而使相关的大脑机能得到发展。这也就是手指的运动可以明显地提高言语机能发展的一个重要原因。

根据手与脑的这种密切的生理的进化上的关系，我们可以十分肯定地说，手指运动是一种重要的开发大脑的方式。那么，如何通过手指运动来开发大脑呢？

通过手指运动来开发大脑的方法有很多种，比如，用筷子、打算盘、弹钢琴，这些都是很不错的方式。小一点的孩子可以做穿珠子的游戏。画画也是一项十分有效的训练手指运作的方法，写字也是。另外，还可以玩一些传统的游戏，比如翻绳就是一项很好的手指运动游戏。翻绳不仅可以锻炼手指，还有其他的健脑功能。我们在前面谈了，它还可以训练人的空间能力、想象能力，以及手眼配合机能。

除了以上这些手指活动，近年来人们还开发出了专门的手指健脑的方法，即手指健脑操，现在书店里有一些这方面的书，不妨学学或参考一下，在家里教孩子做做。

3. 爬行与脑发展的关系

谈完了手与脑的关系以后，这里还要谈一下爬行与脑的发展。爬行是近年来兴起的一项被人们注重的运动项目，特别是对于一些运动机能不协调的儿童来说，效果比较明显。至于为什么会有这种效果，那就涉及了运动与脑的发展的关系。

爬行与脑功能相互联系的依据

要讲清这个问题，我们需要先来谈一下人的运动发展的顺序。幼儿的运动是按照严格排列的顺序发展的，这个是脑对肢体运动进行控制的发展顺序。这个控制发展的顺序有三个方面：

第一个也是最明显的顺序是姿势控制的顺序。人是先出现被动的姿势控制，然后出现主动的姿势控制，主动的姿势控制是日后运动发展的先导。

第二个顺序指的是运动技能的发展顺序，这个顺序是由肢体的**近端**发展到肢体的**远端**。

第三个顺序指的是运动技能主次发展的顺序，它表现为人从对基本机能的控制发展到辅助控制。

如果在运动顺序的适当阶段得不到实践这种特殊运动的机会，将严重地影响以后的运动机能的发展。爬行是人的运动发展的一个重要的阶段，在应当爬行的阶段如果爬行的能力发展得不好，会直接影响日后其他功能的发展。就像练基本功，如果基本功没能练好，那以后的复杂机能就会出现问题。

爬行的作用

爬行是一种水平方向的运动，人的直立行走则是一种直立方向的运动，两者各有侧重，应共同发展。水平方向的运动在一些方面是直立方向运动所不能比拟的。它对于发展对位置的知觉和**前庭系统**的各种功能都有很重要的作用。

爬行对手脚配合功能的发展非常重要。

爬行时要求平衡，这对前庭器官是很好的训练。前庭器官的发展对克服多动症有重要的作用。爬行使头部的活动与肢体的活动融为一体，这对于促进全身的协调很有好处。

近端：指肢体相对于躯干的距离，靠近躯干则为近端口。

远端：与"近端"相对应，远离躯干则为远端。

前庭系统：脑中负责管理平衡功能的系统。

爬行还可以促进儿童对肢体左右侧的认知。左右认知与高级认知机能有重要关系。这在阅读障碍儿童对书面语的操作行为中表现得最为明显。这样的儿童出现拼写时的偏旁部首的倒置，写反字，字母混淆，比如，b和d不分，p和q不分；同时他们在拼读时有明显的困难，阅读有障碍。研究表明，造成这种拼写和阅读困难的一个重要原因就是儿童对自身以及空间方位中的左和右不能很好地认知。特别是对自身的认知，因为它是其他方位认知的基础。实践表明，通过爬行训练，儿童对自身左右的认知得到改善，进而改善了上述拼写与阅读的症状。

爬行除了能够促进人对左右的认知以外，还可以促进对身体其他部位的认知和操作机能。

怎么做？
——简单而有效的动作训练

> 精细运动可以有效地提高大脑的功能。手与脑密切相关，"心灵"和"手巧"是相辅相成，密不可分的。

1. 精细动作的训练

最简单也是最有效的一个精细动作训练就是我们中华民族的一个优良传统——使用筷子。筷子的熟练运用对于大脑的开发有明显的作用。但是通过观察，研究者发现，很多儿童用不好筷子，这种情况会一直延续到成人阶段。所以我们需要在孩子小时候就认认真真地做好筷子的操作训练，这样不仅有助于形成良好的礼仪，更可以通过这种精细动作的操练促进儿童大脑潜力的开发。在日常生活中，家长也需要注意尽量让孩子多从事一些需要精细动作才能完成的事情。

2. 手指操训练

手指操通过特意编排的程序训练手指的操作灵活性。这种训练可以促进儿童大脑功能的提高，是很好的通过运动开发大脑的手段。现在市面上已经有这方面的书籍，建议家长不妨找一本容易操作的，让孩子练一练，会有很好的效果。当然，如果学校的老师开展这方面的训练，那就再好不过了。

3. 手工操作

不要小看手工操作，手工操作对于儿童大脑的开发很有好处。在学校，这方面的活动不是可有可无的，在家里，这方面更需要加强。应该鼓励孩子多动手，多进行手工操作。

第二十二章

大脑的"食物"

 **脑科学提要:**

- ➤ 营养缺乏会导致脑的结构和功能出现异常
- ➤ 早期严重营养不良所致脑结构和功能上的变化有可能是永久性的
- ➤ 严重营养不良会导致智能障碍
- ➤ 母乳最利于婴儿大脑的发育
- ➤ 科学合理的饮食可以促进大脑机能的发展

1. 脑的发育需要充足的营养

人脑的重量虽然只占全身重量的1/50，但是每日需要的血液量却比人体总血液量的1/5还多。血液是供应氧气和营养物质的载体，对于血液的需求反映了脑对于各种营养物质和氧的需求。研究发现，营养与人的智力有密切的关系。营养是脑发育的物质源泉。大脑的正常发育、智力的正常发展是建立在全面、充足的营养供给的基础之上的。特别是对于婴幼儿，他们的大脑正处于最需要丰富营养的时期，若出现供给不足，将会产生永久性的障碍。

动物实验的例证

日本的研究人员给妊娠母鼠缺乏蛋白质的食物，结果发现其后代的体重比正常的轻了23%，而且脑的神经细胞数少了20%～30%。美国的研究人员对从出生至21天的鼠给予低营养食物，结果发现，这些鼠的体重虽然以后可能会追上正常的鼠，但是脑的组织结构却无法恢复正常。这说明，身体对于营养的缺乏可以通过后来的弥补来调整，但大脑营养的缺乏却很有可能是永久性的。

人类历史上的例证

上面提到的这些只是动物实验的例证，我们还不能把动物实验的结果直接应用于人类。但是人类由于营养不良而导致大脑机能出现障碍的事例也有发生，人类历史上就有这样的真实例证。最明显的就是历史上与人类战争有关的病案：在第二次世界大战期间，有众多受到纳粹德国侵略的国家的儿童被关在德国法西斯的集中营里，那里的生活条件极差，营养十分缺乏，结果造成了那里的儿童出现了严重的记忆障碍、注意障碍、思维迟钝，还有一些发生了精神异常。

前面说的是营养缺乏的后果，那么注意加强营养对智力是不是有促进发展的作用呢？这方面的例子很多，比如在美国进行的一项调查发现，一些有特殊才能表现的儿童的父母平时就很注意他们孩子的饮食，常给孩子吃有助于提高记忆力的卵磷脂类的食物。同时，父母还时常对这些孩子进行营养方面的教育，有的天才儿童4岁起就开始到厨房帮厨，5岁就可以自己动手做色拉和点心，在宴会上会自己选择有利于自己身体和大脑发育的食物。

研究发现，对于孩子的大脑来说，由于早期的成长发育特别快，所以越是在早期，营养越是重要。脑的营养在胎儿时期就要特别重视，因为人在胚胎期第一个形成的系统就是神经系统，人脑的神经细胞在胎儿时期绝大多数已经基本形成。与身体的其他器官相比，脑的生长发育很快，也很早，特别是脑重的迅速增长和神经胶质细胞的大量增殖主要发生在出生后2～3年内。另外，虽然大脑神经纤维的延长、突触数量的增多、**髓鞘**的形成，以及神经网络的组成可以延续较长的时间，但在早期也是发展很快的。因此，应该特别注意早期儿童的脑营养，尤其要注重母亲孕期的营养和孩子出生后2～3年内的营养。

髓鞘：包裹着神经纤维的一层髓脂结构，其作用是保证神经冲动的准确和快速传导。

提倡母乳喂养

有人以为，现代科技制造出来的代乳品会比人乳好，也有人因为各种原因不愿意以母乳喂养婴儿，这些都是错误的。从脑科学的角度来看，母乳是目前发现的最好的婴儿食物，其中含有大量有利于婴儿大脑发育的营养物质。同时，母乳也最有利于婴儿的消化和吸收，还可以给婴儿带来一些重要的抵抗疾病的抗体。

2. 哪些食物有利于大脑发育？

在人类所需的六大营养素中，蛋白质、脂肪、微量元素和维生素这几类与脑的发育和智力的发展关系最为密切。

1）维生素

维生素分为脂溶性的和水溶性的两类。维生素A，D，E和K是脂溶性的；水溶性维生素包括B1、B2、B6、B12、叶酸、烟酸，以及维生素C等。

维生素是人体生理代谢过程正常进行所不可缺少的有机化合物。人体不能自己合成维生素，人需要的维生素主要从食物中获取。在一般情况下，人体只需很少量的维生素就可以维持正常的生理过程的进行。维生素过多或过少会直接影响身体的健康和神经系统的活动，严重者会造成疾病，甚至导致死亡。所以服用维生素一定不要任意，而应有所依据，最好能有医生的指导，不要以为吃得越多越好。在儿科临床上，有时可以见到由于服用过量维生素A或D而导致中毒的情况。

各种维生素对于脑的发育和脑的机能有不同的作用。

（1）维生素A

维生素A对于维持人的正常视觉机能有十分重要的作用，缺乏维生素A会出现夜盲症。鱼肝油富含维生素A。维生素A缺乏固然不好，但是太多了也会引起中毒。维生素A急性中毒可导致颅压增高，出现下述症状：头痛、呕吐、烦躁、嗜睡、前囟隆起、眼球震颤以及**复视**等。维

复视：视觉障碍，对单一的物体形成双影。

生素A慢性中毒时，患儿的主要表现是四肢疼痛、软组织肿胀、皮肤瘙痒、脱屑、毛发干脆、口唇皲裂、食欲减退、体重下降等。

（2）维生素E

维生素E是细胞生物膜的重要组成部分之一。维生素E缺乏会引起神经细胞膜的变性和坏死，轴突受到损害，从而导致人的感-知觉障碍，以及思维活动不灵敏。动物肝脏、植物油以及含麦芽的食品，如麦芽糖等含维生素E较多。

（3）维生素B族

在各种维生素里，B族对神经系统的作用最为明显。

维生素B1是神经系统正常髓鞘化过程的必需物质，缺乏时可造成中枢和周围神经系统的髓鞘发生变性，从而导致一系列神经系统症状。除外周神经系统的躯体症状以外，在中枢神经系统方面，患者多有注意力不集中、情绪不安、失眠多梦以及思维活动迟缓等表现。由于维生素B1能抑制胆碱酯酶的活动，减少**乙酰胆碱**的分解，而乙酰胆碱在人的记忆过程中具有十分重要的作用，因此维生素B1可以间接地促进人的记忆机能的发展。

乙酰胆碱：人类大脑的一种重要的神经传导物质，在人的记忆活动中有重要作用。

糙米和玉米等食物中B1含量丰富。精制的大米和白面则缺乏B1。

维生素B2是某些重要的氧化还原酶的辅基，在氧化磷酸化过程中起一种传递氢原子的作用，同时也参与一些氨基酸和脂肪的氧化过程。B2缺乏可使神经系统机能活动过程出现问题，导致烦躁多疑、情绪异常以及注意力难以集中等症状。

维生素B6与神经系统的关系密切，其磷酸盐是重要的辅酶，参与神经介质的合成和氨基酸的代谢过程。B6具有明显的稳定情绪的作用。B6缺乏会导致神经系统的机能紊乱，出现失眠、烦躁、厌食以及注意力不集中等症状，严重时还可导致惊厥。

维生素B12参与DNA的合成，对于保持长时记忆有重要作用，是促进大脑发育的重要物质。它主要存在于肉类和鱼类中，在肝脏中含量特别丰富，但在植物中含量很少。

（4）叶酸

叶酸参与氨基酸和核酸的代谢过程，它提供大量的游离碳分子，是合成神经鞘和神经介质的重要原料。缺乏叶酸可使人头痛、头昏、反应迟钝，影响人的智能活动。

（5）烟酸

烟酸参与体内糖、脂肪、蛋白质三大代谢以及核酸的中间代谢的生化反应过程，对于脑的新陈代谢具有重要意义。烟酸可以促进大脑的发育和成熟，缺乏时可造成注意力不集中、言语问题、精神障碍。若长期缺乏，还有可能导致进行性痴呆。

（6）维生素C

维生素C参与神经介质的构成。维生素C可以促进铁的吸收，使血液中的红细胞数量增多，携氧能力增强。同时，维生素C还能增强血管壁的弹性，促进血液循环。这些对于保证大脑血糖和氧的供应具有十分重要的意义。

（7）维生素D

维生素D可以增强人的神经细胞的反应能力，对提高人的反应速度有一定作用。鱼肝油含维生素D比较多。

这里值得一提的是，维生素D缺乏不利于脑的发育和身体的健康，但维生素D过多也会造成不良后果。有些家长过于担心孩子是不是缺乏维生素D，既打针又服药，容易导致维生素D中毒，患儿出现头痛、厌食、恶心、呕吐、口渴、嗜睡、多尿、发热等症状。如果怀疑孩子维生素D中毒时，应及时抽血测定血钙，若血钙增高，一般可以确定；也可以拍骨骼片，因为维生素D中毒也会在骨骼上有所表现。如果仅有轻度血钙增高，可通过停用维生素D、鱼肝油以及钙片，并限制饮食中钙盐的摄入，来达到治疗的目的，一般恢复较快。若血钙明显增高，则应住院，采用激素治疗，经2～3周可恢复。

2）蛋白质和氨基酸

蛋白质是由氨基酸组成的复杂的高分子化合物，是生物有机体的基本组成单位。人体需要的氨基酸有二十多种，其中的大部可以在体内合成，被称为非必需氨基酸。还有8种氨基酸，人体不能在体内合成，必须由食物供给，故被称作必需氨基酸。这些必需氨基酸有：色氨酸、赖氨酸、苏氨酸、蛋氨酸、亮氨酸、异亮氨酸、缬氨酸和苯丙氨酸。另外还有两种氨基酸，即精氨酸和组氨酸，人体的合成能力较低，在生长发育时需要从食物中补充，故称为半必需氨基酸。组成人体的各种各样的蛋白质就是由这三大类氨基酸构成的。其中，含有全部必需氨基酸的蛋白质，被称作完全蛋白质，比如酪蛋白、卵白蛋白、大豆蛋白等。成分中缺少一种或几种必需氨基酸的被称作不完全蛋白质。植物中所含的蛋白质大部分属于这种类型。

蛋白质和氨基酸是构成大脑的基本物质之一，在大脑的所有组成成分中，它们占了35％左右，是大脑发育、生长和进行各种生理活动所必需的基本物质。大脑在进行各种机能活动中需要多种神经介质的参与，主要包括多巴胺、5-羟色胺、乙酰胆碱、去甲肾上腺素等。这些神经介质不仅参与人的各种感知觉过程，而且在注意、记忆以及情绪活动中都有非常重要的作用。构成这些介质的成分，除去乙酰胆碱有一半来自卵磷脂外，其他均来自食物中的蛋白质和氨基酸。

3）脂肪

（1）亚油酸：它是构造神经细胞膜所必需的脂肪酸，但是人体不能自行合成，只能从食物中摄取。若缺乏这种必需的脂肪酸，人的大脑机能会发生紊乱。

（2）DHA：它又称为二十二碳六烯酸，是一种不饱和脂肪酸。DHA大量存在于人的视网膜和大脑皮层。它是一种对大脑的发育十分有益的脂肪。

（3）卵磷脂：它参与中枢神经系统的传导机能，可以促进大脑的兴奋和抑制过程的成熟和发展。由于这种物质参与记忆的重要化学递质——乙酰胆碱——的合成过程，因而对人的记忆过程的发展有着密切的关系。

严重缺乏卵磷脂会导致脑功能方面的障碍，这不仅会影响中枢神经系统对躯体机能的调节，而且还会对人的高级认知机能造成影响，比如会影响人的记忆和思维活动过程。

为什么需要食用卵磷脂呢？这是因为人的肝脏只能合成少量的卵磷脂，而我们每天所需要的大部分还得从食物中摄取。过去，我国人民的食物多以粗食为主，肉食比较少，粗食由于没有经过现代食品加工过程中的多次处理而保留了丰富的卵磷脂，所以人们缺乏卵磷脂的现象并不明显。随着工业化的发展，精制食品正逐渐取代粗制食品，而精制食品所需要的化学处理、杀菌、加热和精制过程却在相当程度上破坏了食物中的大量卵磷脂，从而使得以精食为主的现代人出现了缺乏卵磷脂的现象。比如，一般粗制植物油中含有0.5%～1.5%的卵磷脂，但是经过精炼的植物油却在除胶时把卵磷脂全部除掉了。又比如，精制面粉在加工过程中将含有卵磷脂的大部分麸皮和胚芽去掉了。

4）糖类

糖原：糖在人体内进行存储的一种形式。

大脑有个特点，就是它不能自己储存**糖原**，只能依靠血液里的糖的供应。所以一旦缺糖，首先最受影响的就是大脑，表现出的症状是头昏、注意力不集中、学不进去等。

要想让大脑正常运转，就要不断地给它供应能量——糖。大脑是一个重要的耗糖器官。据测定，大脑每小时要消耗掉4~5克糖，每天的耗糖量为100~120克，这占了全身耗糖量的很大比例。

大脑需要糖，但我们切不可盲目地让孩子多吃糖。那样是弊多于利的。首先我们应了解脑子是否缺糖，然后我们要清楚怎样去补，也就是补哪种糖。糖的范围很广，并不只限于我们平常吃的糖。大脑所需要的主要是葡萄糖。对于大脑来说，最合适和最方便利用的是从米饭、馒头、玉米、土豆中获得的糖，包括葡萄糖、果糖、麦芽糖、甘露糖等。这些糖的特点是可以在消化过程中缓慢地、一点一点地释放出来，而不是一下子全部释放出来，这样就可以保证大脑对于糖的不断需要。

5）微量元素

（1）锌：锌是人体的一种必需的微量元素，它是人体内100多种酶的组成成分，参与多种生理过程。

人体缺锌会出现生化代谢方面的异常，进而导致体内各种生理功能，包括神经系统机能活动的紊乱。锌对于婴幼儿尤为重要。锌可加速生长发育，缺锌会导致婴幼儿生长发育停滞，甚至出现伊朗乡村病。这是一种因严重缺锌而引起的疾病，患病的婴幼儿生长发育停滞，骨骼发育出现障碍，第二性征发育不全，皮肤粗糙并有色素沉着，最后可发展成侏儒状态。

缺锌不仅会导致儿童生长发育方面的问题，而且会造成智力方面的障碍。因为锌是大脑蛋白质和核酸合成所必需的物质，也是神经系统生理活动不可缺少的微量元素。动物实验表明，先天缺锌可以导致大鼠神经系统发育畸形。在动物身上做的一些心理实验还表明，缺锌可以使动物的模仿能力大大降低。缺锌可以导致儿童的反应能力降低、烦躁不安，或者精神萎靡、思维活动下降，甚至智力低下。研究人员曾对多动症儿童的头发中的锌含量做过研究，发现有相当一部分患儿头发中锌的含量比正常儿童低。英国学者的研究发现一些患有阅读困难的儿童明显缺锌。美国的研究者发现学习优良的儿童，毛发中锌的含量比较高。

儿童是否缺锌可以通过微量元素的测定来诊断。检查手续并不复杂，剪一绺头发，通过专门的仪器就可以准确地测定出来了。

哪些食物含锌量丰富呢？玉米，带壳的果品，如胡桃、榛子、花生米、芝麻等，蛋类，鱼类，牡蛎等贝类，以及龟和鳖等甲壳类动物含锌都比较多。儿童若缺锌的话，这些食物可以用来补锌。

（2）碘：碘是构成甲状腺素的重要成分。甲状腺素是由甲状腺分泌的一种激素，它对儿童的生长发育，特别是智能的发育有着十分重要的意义。缺碘对于我国儿童智能的影响已受到政府和各级医疗和教育部门的重视。

6）关于吃强化食物的问题

什么是强化食物？强化食物是增加了人工营养成分的食品。这是为了弥补天然食品中某些营养成分的不足而进行加工后的食品。在食品店中见到的含钙饼干、含铁糖果、含维生素A及D的奶制品、赖氨酸挂面，以及赖氨酸面包等，都是强化食品。怎样对待这些强化食品呢？首先我们应当提倡尽量让孩子吃天然食品，即自然界给我们人类提供的各种食物，比如五谷杂粮、肉、鱼、蛋、蔬菜、瓜果等。自然界提供的这些食物的营养成分是十分丰富的。只要注意不偏食，不挑食，按照食物的品种、数量做合理的搭配，一般情况下不会出现营养不良，或是缺乏某种成分的现象。对于在一般食物中比较缺乏的维生素A和D，通过强化食品进行一定程度上的补偿是可以的。只是不要盲目地、过多地依靠强化食品。对于强化食品中强化的是哪些成分，孩子到底是不是真的缺乏这些成分，以及强化食品中营养素的含量和每日的用量，家长心里应该有个数，或是至少有个大致的了解，切不可盲目地、一味地补。因为如果造成营养素比例失调，反而会影响机体对有用成分的吸收和利用，严重者还有可能造成因进食营养素过多而出现中毒症状。必要的时候应该请医生和营养专家做营养咨询和健康检查，在专家的指导下摄入合理的营养膳食。

7）几种主要的健脑食物

（1）核桃仁：核桃仁中含有大量对大脑发育十分有益的成分，如蛋白质、脂肪、糖类、钙、磷、铁、磷脂、锌、镁，以及维生素A、B1、B2、C、E等。核桃仁能够增强血清白蛋白，增加大脑的营养供应，促进神经细胞的生长，还能减少大脑耗氧量。另外，铁、镁、锌能维持记忆力。

（2）枣：枣味甘性平，有补益脾胃、养血安神、健脑益智等功效。枣含有蛋白质，脂肪，糖类，有机酸，磷、钙、铁，胡萝卜素，维生素B、C和P等物质。

（3）苹果：苹果味甘酸性凉，有养血补脑、安神醒志、生津止渴等功效。苹果是世界四大名果之一。它的营养成分丰富，含有糖、蛋白质、脂肪、果胶、胡萝卜素、维生素B1、维生素C、酒石酸、苹果酸、柠檬酸、醇类，此外还有钾、钠、锌等微量元素。研究表明，苹果是一种比较理想的益智水果。儿童多食苹果对智力的开发，特别是记忆力的提高有很大的好处。这是因为苹果不仅含有糖、脂肪、蛋白质，以及维生素C等大脑所必需的营养成分，而且还含有丰富的可以增强记忆力的微量元素锌。

3. 需要注意的几个问题

1）偏食问题

谈儿童大脑的营养,特别需要注意的一个首要问题就是偏食问题。要保证大脑的合理营养,偏食是首先要克服的不良饮食习惯。

不要偏食的道理我们很容易理解,因为没有任何一种食物可以包含所有脑需要的营养物质,只挑选少数几种爱吃的食物的结果就是使我们的大脑缺乏那些不爱吃的食物中的营养成分,最后造成人为的大脑营养不良。

怎样克服孩子的偏食习惯呢？首先要找找是什么原因造成孩子不喜欢吃某些食物。有的孩子是因为长期食用同一种食物而对该食物产生了厌烦,简单说就是吃腻了。这时家长可以改变一下烹调的方式,或是换个花样,让孩子感到不一样了,孩子就会喜欢吃了。有的孩子是因为受环境的影响,看到别人总不吃某种食物,自己也不吃了。要知道,孩子的模仿能力是很强的,他们的许多行为都是通过模仿习得的。孩子最容易模仿的对象就是家长,所以当有可能是这种情况的时候,家长就要注意,不要让自己的某些习惯影响了孩子。

孩子在出生时对食物并没有什么特别的偏好,对某种食物的喜好的厌恶主要是后天形成的。周围的饮食环境、不良的暗示都会对孩子的饮食习惯产生很大的影响。许多孩子的偏食多数情况下并不是有什么生理上的原因或是由于什么疾病,而是他们养成了不良的习惯。这种不良习惯的养成往往和家长的过分溺爱有关,当孩子想吃某种食物的时候,家长马上就给什么,当他们不喜欢某些食物的时候,家长也不去劝说,而是一味地迁就。这样做有可能会强化孩子的不良饮食习惯,时间长了就不好改了。这也就是为什么有些家长觉得改变孩子的偏食问题相当困难的原因。

这里给大家介绍几种改变孩子不良饮食习惯的心理学上的方法，供家长们参考。

第一种方法是参与法。当你的孩子对某样食物有了偏见，不想吃，而你的劝说又不管用的时候，你可以试试这种方法。这时候，你不必再多和他说了，把他该吃的东西改变一下，或和其他食物混在一起，让他吃了，等他吃过后，问他感觉如何，这时很可能他会说感觉不错，多进行几次，让他巩固一下感受，最后再把实情告诉他。这样，由于他的实际参与，就会改变对这种食物的看法，也就会喜欢吃了。

另一种方法是行为矫正的方式。在心理治疗中常常用这种方法来改变人的不良习惯，我们也可以用这种方法来改变孩子的饮食习惯。行为矫正的方法并不复杂，就是用奖励的手段鼓励他尝试不愿意吃但对他很有好处的食物，同时用惩罚的手段来限制他对偏爱的食物的摄取。在用这种方法的时候有一个原则，就是多用奖励少用惩罚。奖励比惩罚更容易对行为进行纠正。

还有一种方法是认知领悟法，这也是一种心理学上常用的方法。改变孩子的饮食习惯的关键就是转变他对食物的评估态度，进而就可以改变他的饮食习惯了。认知领悟的核心就是采用各种孩子可以认同的方式说服他，可以通过故事、事例或是道理来改变他对某种食物的评定标准。当他认识到某种食物对他真的很有好处时，他就会吃了。

最后还有一种比较难的方法，那就是深入地分析孩子的内心世界，从精神动力的角度来纠正孩子的偏食。当你采用各种方法都不见效时，那就有可能是孩子有心理障碍了，偏食只是其外在的表现。这时候就需要做做孩子的心理分析，找出偏食现象的背后究竟是什么问题，从内心深处来解决问题。需要这样做的时候，建议家长可以去寻求一下心理专家的指导，因为儿童的心理也是很复杂的，对儿童进行心理矫治可以从心理专家那里得到很好的建议。

2）贪食问题

与偏食相对的，是贪食。与偏食一样，贪食也是不利于大脑的发育的，也会伤害大脑。

为什么呢？有两方面的原因。其一，从生理功能上看，贪食会导致大脑缺血。人在大量吃食物及不停地进食的时候，胃肠道需要分泌大量的胃液来帮助吸收，消化道的血管就会长时间地处于紧张状态，对血液的需求量会大大增加，人体的自我调节机制就会重新将血液进行调配，就会减少供应大脑的血量。如果经常这样，大脑自然就会经常处于缺血的状态，这对于正在生长发育过程中的儿童的大脑，当然会造成不良的影响。

另外，贪食还会导致大脑的兴奋和抑制的失调。不停地进食，大脑相应的部位就会长时间地处于兴奋状态。兴奋和抑制是神经活动的两个基本过程，这两个过程应经常处在一种动态平衡的状态，即不能老兴奋也不能总抑制。对于正处在生长发育过程中的儿童来说，这种平衡更为重要，如果破坏了兴奋和抑制的这种关系，自然也会影响大脑的发展和智能的提升。

贪食会伤害大脑的第二个原因是，从生化代谢方面来看，贪食容易引起"脑肥胖"。吃得过多过饱，特别是进食大量的高营养食品后，会造成严重的供大于求，过多的食物会通过生化过程转变为脂肪，在体内蓄积起来，如果这些脂肪在脑组织中蓄积起来，就会造成"脑肥胖"。研究发现，"脑肥胖"者的神经网络的发育不如正常儿童，智能也会受到影响。

现在的生活水平提高了，孩子家长对孩子的身体发育十分关心，生怕他们缺了点什么，对孩子的需求大多是有求必应，这是导致一些孩子贪食的一个重要的原因。了解了我们这里讲的道理后，希望家长们能够从大脑科学的角度合理地改变孩子的贪食行为。

第二十三章
脑功能和心理素质的测评

 **脑科学提要：**

➢ 脑科学和心理学的发展给我们提供了许多测定大脑功能的手段
➢ 人的性格类型可以通过心理量表测定出来
➢ 智商是心理测量的一部分，它是对人的智力进行评定的一种量化指标
➢ 神经心理测评是以脑与心理的关系为核心对人的认知机能进行的测定，其中的 PASS 是目前国际上较为流行的行之有效的大脑认知机能评定方法
➢ EEG 和 ERP 是通过脑电的活动来探测大脑功能的手段
➢ CT 和 MRI 可以检测脑的结构
➢ FMRI 可以检测脑的功能状态

1. 孩子性格的测评

观察一下你周围的人，你会发现，人的性格千差万别，各种各样。有的人外向，有的人内向，有的人喜欢热闹，有的人喜欢安静，有的人办事总是风风火火，有的人干什么都慢慢腾腾。孩子也是一样，不大的时候就表现出各不相同的行为特点来了。这就是人的性格差异。现代科学研究的结果表明，人的性格是有遗传基础的。

孩子的性格是可以通过科学的方法进行测定的。测定的主要方法就是心理测验。

哪些心理测验可以用来测定人的性格呢？这里给大家介绍几种常用的方法：

1）儿童人格问卷（Personality Inventory for Children，PIC）

儿童人格问卷可以用来评定3～16岁儿童的人格特征。这个量表由美国明尼苏达大学研究编制。该量表由16个分量表组成，其中包括12个临床量表、3个效度量表和1个校正量表。临床量表由抑郁、焦虑、多动等分量表组成。效度量表包括掩饰（L）、效度（F）和防御（D）3项内容。此量表的评定对象虽然是儿童，但具体回答问题的却是儿童的家长，所以它是一种"他评"量表。

在问卷式量表的类型上有两种模式：一种是自评量表，即评定的对象和具体回答问题的是同一个人，也就是自己来回答有关自己的问题；另一种是他评量表，即由了解被评定对象的人来回答问题。他评量表由于不是本人回答问题，所以会受到回答者的观念、教育水准以及情感倾向的一定影响。

儿童人格问卷的条目比较多，与明尼苏达多相人格问卷的内容很接近，而且是同一个编制者。儿童人格问卷可以反映儿童性格的多方面的情况，信息量比较大。当怀疑儿童是否有性格和行为上的一些问题，比如是否有神经质时，这个量表是比较适用的，因为它对于人格上的偏态比较敏感。

2）艾森克人格问卷（Eysenk Personality Questionnaire，EPQ）

这是一个国际上通用的常规人格评定量表。这个量表测定对象的年龄范围是8岁至成人。评定的内容包括人格的主要方面：内外倾向性、情绪的稳定性，以及是否神经质及其程度等。EPQ是一种自评量表，也就是让被评对象自己来回答问卷中的问题。这个量表条目较少，不用花很多时间，也比较容易填写，评分亦简单，适用于正常人和异常者，所以较常使用。但是，这个量表提供的信息相对比较少，不如下面我们要介绍的MMPI提供的信息多。

3）明尼苏达多相人格问卷（Minnesota Multiphasic Personality Inventory，MMPI）

这是一个目前国际上用得最多，也最具权威性的人格评定量表。有人形象地将这个量表比作人格CT，就是说它可以全面地把一个人人格的结构揭示出来。MMPI的适用年龄是14岁以上的青少年和成人。它可以对人格的多方面性质进行评估，包括情绪和精神状况、心身问题以及社会性等。

MMPI反映了临床常见的一些症状和相关的心理和行为问题，对于临床诊断和对病人进行较深入的了解很有意义，所以是目前临床应用最多的心理测验量表。但是由于它的设计思路主要是检查人格和心理变态方面的问题，侧重面主要是在"有没有病"的临床方面，所以对于正常人格反映得不多。而且对于儿童方面，由于只限于14岁以上，所以有一定的局限性。此外，MMPI的条目很多，费时较长，同时需要受试者具有初中文化程度，这些也限定了这个量表在儿童个性测量中的应用范围。

2. 智能测定

1）认识智商

讲智能测定，不能不谈一个重要的指标，那就是我们常常谈起的"智商"。我们说话时经常会用到这个术语，在谈一个人聪明不聪明的时候，最常用的词语就是智商的高低了。但是对智商的含义和它是怎么得来的，恐怕知道的人并不太多，所以我们先来谈谈智商是怎么回事。

智商是"智力商数"的简称，一般用符号IQ表示。IQ即是英文"Intelligence Quotient"的缩写。智商有两种，一种是比率智商，另一种是离差智商。现在国际上用得最多的是离差智商。比率智商是人的智力年龄与实际年龄的比值，计算公式是：智商＝智力年龄÷实际年龄×100。举例来说，一个9岁的儿童，通过测查表明智力年龄达到了13岁，按公式计算：该儿童的智商=13÷9×100=144.4分。又如，一个14岁的儿童，通过测查发现其智力年龄刚刚达到8岁，按公式算则该儿童的智商为8÷14×100=57.1分。智商计算出来的是一个用数值表示的智力发展的程度。这个数值的重要用途之一，是能够用来在不同的个体之间进行相互的比较。一般来说，一个正常发育的儿童，他（她）的智商数值应在100分左右，即90～110分之间，在这个范围以外，即为超常，或是低下。上述第一个例子的儿童的得分超过了一般同龄儿童的智商水平，算是智能超常；而第二个例子的儿童的智力商数明显低于一般同龄儿童水平，故属于智力低下。

比率智商虽然可以用来在不同的被测个体中间进行智力的比较，但是它有一个不小的问题。因为比率智商是以人的智力年龄随实际年龄一起增长为基本前提的，然而实际情况却并非如此。当人到达一定年龄之后，一般为18岁左右，智力年龄就不再随实际年龄而增长了，到了老年还有退化的情况。这样，对于超过了这一年龄的人来说，按照智龄与实龄的比值来计算的智商非但不会上升，还会下降。比如，一个人在18岁时测得的比率智商是100分，属于中等水平，到了22岁，由于智龄仍为18，智商就变为81.8分；到了35岁，智商又变成51.42分，属于智力低下了。这样就会出现一个人在儿童期智力高，而成年后智力反而下降的现象，很明显，这是与实际情形不符的。

为了解决上述问题，心理学家改进了比率智商的计算方法，发展出"离差智商"。离差智商不再采用智龄的概念，而是根据统计学上的**标准差**和平均数来计算智商。一个人的智商用测得的分数与同一年龄组其他人的测验分数相比较的形式来表示。离差智商的计算公式是：IQ=100+15Z。这里的Z是标准分数，它是根据个体测验分数、平均数以及标准差计算出来的数值，计算方法是个体测验分数减去团组测验分数的平均值，再除以团组测验的标准差。如果知道了某人的测验分数，又知道他（她）所在的团组分数及其团组标准差，就可以按公式算出他（她）的离差智商。举例来说，张某测验得分是105分，他所在的年龄组的平均分是90分，标准差是10分。则张某的标准分为：（105-90）÷10=+1.5，代入前述离差智商公式，得张某智商IQ=100+15×（+1.5）=122.5分。再

标准差：统计学上用来表示某一个数与平均数之间的偏离程度的指标。

比如李某测验得分为85分，他的标准分则为（75-90）÷10=-1.5，故而李某的智商＝100+15×（-1.5）=77.5分。由于离差智商衡量的是被测个体的智力在同龄人中的相对位置，所以不会受个体年龄增长的影响，这样就克服了比率智商难以解决的问题，因而成为目前比较理想的智商测量方法。

2）不要迷信智商

从上面对智商的介绍，我们明白了智商是衡量人的智力水平的一种方法。但要清楚，它不是唯一的方法，而且随着我们对智力的本质的认知的逐渐深入，不断地会有更全面的指标问世。目前我们所用的智商计算方法会随着人们认识的提高而有所变化。

此外，还有一点非常重要，就是智商的测定和计算是依据人们关于智力的理解而设定的。我们在前面也提到了，关于智力的认知有不同的观点，目前最新的理论是加德纳的多元智能理论。我们这里所谈的智商并不能将人的多种智能成分都测定出来。再有，从**液态智能**和**晶态智能**的划分来看，智商的测定很难涵盖这两种本质上有很大区别的智能成分，因而是不完备的。

还有一点要特别提到，测智商要到专门的机构去测。这是因为：一方面，智商测定是一件很严谨的专业性操作。它需要一定时间的培训，施测人员需要具备一定的专业知识才能有效地进行这方面的工作。另一方面，智商测定是一件严肃的职业行为。这是需要对人负责的，测得准不准不是个小问题。还有智商分数是一个人的隐私，不能随意公开。特别是对儿童，如果测的分数比较低，假若让孩子本人知道了，会严重影响孩子的学习热情，甚至会导致比较严重的后果。另外，由于智商测定在一定程度上受到人为因素的影响，比如，孩子可能会太紧张、太疲劳，或是施测人员指导语把握得不合适，或是环境有问题，等等，因而

液态智能：是指决定于先天素质的那些能力，如反应速度、知觉、记忆广度等。这类智能易随年龄增长、身体衰老而减退。

晶态智能：指决定于各类教育和一般知识经验的那些能力。这类智能不随年龄增长而减退，甚至还可能增长。

一次测得的结果未必就是定论，不要过于迷信一次测量的结果，或者因为一次测量结果就给孩子下了结论。

最后，我们还要提到，就是智商不是一成不变的。它是会随着人的脑功能的发展而变化的。从这一点上来说，也不能因为一两次智商测定有问题就给孩子下了定论。

3）智能测定的一些常用量表

（1）韦克斯勒智力量表

此量表由美国心理学家韦克斯勒编制，通常称作韦氏量表，是目前国际和国内应用最为广泛的一种智力量表。

此量表共有三种类型：①韦克斯勒成人智力量表；②韦克斯勒儿童智力量表；③韦克斯勒幼儿智力量表。韦克斯勒成人智力量表是1939年制定的，1955年进一步修订，适用于16岁以上的成人。韦克斯勒儿童智力量表是1974年修订的，适用于6～16岁的小学及中学学生。韦克斯勒幼儿智力量表是1967年编制的，适用于4～6岁的学前儿童。这三种量表的组成内容大致相同，其主要特征是每个量表均由两个部分构成，其一是语言部分，其二是操作部分。每个部分都由5～6个分测验组成。

（2）比奈–西蒙量表

比奈–西蒙量表的第一个版本是法国心理学家比奈和他的同事西蒙合作研究于1905年编制的。这个量表用于对小儿的智力发育状况的评定。该量表包括了30个测试项目，主要检查小儿的判断和推理能力。1908年，他们对这个量表进行了大规模的修改，制成了第二套量表。修改后的量表比原来的量表更为细致，项目由30个增加到54个，分为11个年龄组，从3岁、4岁到10岁，另外还有12岁、15岁以及成人组。

（3）斯坦福–比奈量表

1916年，美国斯坦福大学的特曼教授根据美国的具体情况，对比奈-西蒙量表又做了一些修订。后人称之为斯坦福-比奈量表。这个量表比原量表又多了一些项目，内容更为充实。斯坦福-比奈量表经多次修订，有多个版本，应用较为广泛的是1972年的版本。1986年，斯坦福-比奈量表再次修订。这次修订的版本与以往的完全不同，由4个分量表，共15个分测验组成。具体包括：①言语推理分量表，由测查词汇、理解、言语关系等能力的四个分测验组成；②抽象／视觉推理分量表，由测查临摹和图案分析推理等能力的四个分测验组成；③数量推理分量表，由测查计数、心算和逻辑运算等能力的三个分测验组成；④短时记忆分量表，由测查数字记忆、句子记忆和物体记忆等能力的四个分测验组成。

（4）绘人测验

这是一项简单易行且实用性很强的评估儿童一般智能的方法，比较适合5～12岁的儿童。测验只需要一支笔、一张纸、一块橡皮。测验的指导语也十分简单：请你画一个全身的人像，画得越全越好。

把绘人作为一种方法来测查儿童的智能已有不短的历史。美国心理学家古德纳夫（Goodenough）于20世纪20年代开始采用这种方法作为一种智能筛选的手段。20世纪60年代初，心理学家哈瑞斯（Harris）对绘人测验进行了系统的研究，发现这种方法与其他智商测查结果有明显的相关。心理学家库皮兹（Koppitz）相继提出了30项绘人诊断评定标准。日本心理学家小林重雄提出了绘人测验的50分评定标准。绘人测验在美国和日本已有广泛的应用。近些年来，这种方法在我国也得到了普遍的开展，并且制定了常模和50分评分标准。

这个测验对儿童具有较强的吸引力，容易操作，评分不难掌握，测验结果同其他量表，如韦氏儿童智力量表，也有较高的相关。但是由于通过此测验查出的智能偏于一般性的整体智力水平，无法反映儿童智能发展的多方面的特征，所以只能用作比较粗略的智能测查手段。

（5）瑞文测验

这是一项非言语的智能测验，由瑞文（Raven）编制。由于它具有不受文化及语言因素的制约的特点，所以在各国应用广泛。

瑞文测验由一系列图片组成。每张图片包括两部分：一部分是由数张小图组成的按一定规则排列的图案，但其中缺失了一张图；另一部分是一些备选的小图。要求受试者从几张备选的小图中选出图案中所缺失的小图。瑞文测验可以测查空间知觉、概念形成及推理方面的能力。该测验共有三个不同水平的版本：①彩色渐进测验，适用于5～11岁儿童和智能水准较低者；②标准渐进测验，适用于6岁以上的一般人群；③高级渐进测验，适用于在标准渐进测验中获得高分者和智能水平较高者。

3. 脑功能测定

现代脑机能的测定包括以下几个方面的内容：一个是脑影像的检查，一个是脑生物电的测定，最后还有神经心理学的测定。

谈到脑功能测定，这里首先有一个问题值得一提：

大脑是一个相当复杂的系统，这个系统可在不同的层次上出现问题。对不同层次上的障碍，检查的方法也不一样。有的病人或患儿确实有问题，应该做脑的结构和生理机能上的检查，亲属和家长如果不能认识到有这个需要，就会影响及时的治疗。有的学生正相反，他们的大脑其实没有什么问题，但家长却过于担心孩子的大脑是不是出了什么问题，而反复地要求做各种没有必要的检查。因此，我们应该了解清楚哪些人需要做检查，以及在哪些情况下应该做哪些检查。

1）脑的结构及生理机能的检查

脑的影像学的检查主要是CT和MRI检查。

CT是英文"Computerized Tomography"的缩写，其中文全称是电子计算机断层扫描。这是用X线对人体做体层扫描，测得不同层面、不同组织对X线吸收系数的信息，然后将这些信息用电子计算机处理再组成该体层面图像。由于CT具有高度灵敏性，即使有千分之一的密度差别都可以在图像上表现出来，所以在临床上有广泛的应用。特别是在神经科，对脑部疾病的诊断现在已是一种常规检查。有时为了更早地了解脑的变化，CT检查也成了正常体检的一部分，成了大脑健康检查的一项内容。

MRI是英文"Magnetic Resonance Imaging"的缩写，中文名称是磁共振成像。这是将核物理原理和技术应用到医学实践而在临床诊断上创造的继CT后的又一项重大突破。MRI的原理是利用单数质子原子核自行运动的特点，使用磁场改变原子核运动的方向，再用射频脉冲激发原子核而产生磁共振现象。停止射频脉冲发射后被激发的原子核恢复到原来的平衡状态，并将吸收的能量释放出来，这些能量信号由MRI机的探测器接收，再通过电子计算机处理，最后获得完整和清晰的图像。MRI比CT更为灵敏，特别是可以分辨出大脑的白质和灰质，对于大脑病变的诊断更为有效。

fMRI功能核磁，是英文"functional Magnetic Resonance Imaging"的缩写。这是近年来发展出来的一种十分先进的检查大脑功能的技术，一般也叫作脑的功能成像。功能核磁是在普通核磁的基础上发展起来的，但与普通核磁不同，它不是对固定的生物器官的形态学检测，而是侧重于动态的功能的测定。目前这种技术主要在研究部门使用，尚未普及到临床。

2）脑的电生理检查

脑的电生理检查一般是指EEG检查。EEG即脑电图，它是一种无创性的对脑的电活动进行的记录。脑在新陈代谢和进行各种生理机能活动的时候，伴随着生物电现象，EEG记录的正是这种自发的生物电活动，即脑波。一个脑波是许多神经元在同一时刻的电位差的综合表现。脑电的电压很低，以微伏计。在头皮上记录的脑电波是电极放置部位成千上万个脑细胞生物电活动的总和，然后再经过几百万倍的放大，才成了我们在临床检测中所见到的脑电图。

人的脑波有个发育的过程，它随着年龄的增长而逐渐成熟，而且是同脑的发育状况紧密地联系着的。因此，对EEG的检查可以帮助我们评定孩子大脑的发育状况和成熟程度。研究发现，儿童脑波波率的发展与儿童脑的重量的增加呈平行关系。频率由慢变快，由 δ 到 θ 到 α。波幅由低至高又降至正常，波形由不规则变为规则，由不对称向对称变化，基线由漂移不定渐至平稳。

正常儿童脑电图在各个年龄阶段的大体变化表现如下：

（1）婴儿期：慢波频率渐增，节律开始向枕部发展。婴儿在三个月左右时的脑电波以每秒4~5次的 θ 波为主，1岁时的波率为每秒5~7次，波幅增高，枕部 θ 波对光刺激有反应。

（2）幼儿期：频率渐增，以 θ 波为主波，幅增高可达150~200μV，δ 波幅逐渐降低，声光刺激有抑制反应。

（3）学龄前期：这时仍以 θ 波为主，以每秒6~7次为多，波幅逐渐降低，至50~150μV，δ 活动进一步减少，直至几乎消失，枕部开始出现 α 波节律。

（4）学龄期：θ 波逐渐减少，α 波逐渐增多，以每秒9~10次为多。枕部 θ 消失，额颞部 θ 波尚存，10岁后的颞部 θ 波呈对称状。但这时的脑电仍不够稳定，对诱发反应灵敏。

儿童的脑电图与成人的脑电图有较大的差别，这种差别直到青春期时仍然存在，不过那时已与成人没有什么本质上的区别了。

一般来说，儿童的脑电图异常检出率比成人高，所以EEG测定是一种灵敏、实用的检查脑机能的方法。

EEG异常与智能障碍的程度有一定的关系，智商低下者EEG异常率比较高。

脑电图可以用来测定脑的机能活动状态，特别是大脑两半球偏侧化程度。

被试：心理学实验中接受实验的实验对象。

美国加利福尼亚大学医学中心的研究人员对一些正常**被试**做了一项实验。实验中要求每个被试从事两种不同的智力操作。一种是写下从刚读过的报纸文章中回忆起来的所有事情；另一种是用16种彩色积木去构造一个刚刚记住的模型。每项作业要操作3分钟。这两项作业中的第一项属于言语性作业，一般认为归左脑来负责；第二项则属于非言语性的空间操作性作业，一般认为归右脑来负责。在被试者进行这两种不同的作业的时候，研究者们记录下他们的脑电活动，并比较左边大脑的电波和右边大脑的电波的差别。

实验结果发现，被试在进行不同的作业时使用着不同的大脑半球。在进行言语性作业时，左边大脑半球的α节律衰减了，而右边大脑半球的α节律仍然保留着。在进行空间性作业的时候，结果正好相反。研究者采用左边大脑半球的α节律与右边大脑半球的α节律的比率来观察大脑的使用情况。比率大于1表明左脑活动为主，比率小于1表明右脑活动为主。这些被试数据平均起来，在书写的时候，上述比率为1.24，而在积木作业时，比率变为0.62。值得特别注意的是，在这个实验中研究者发现，被试之间的差别很大，这表明每个人的用脑倾向的不同，通过这种测查正好可以了解每个人的大脑左右半球的机能特化情况。

EEG是普通脑电检查，现在还有一种对人的脑电进行测定的方法，叫作ERP，即事件相关电位检查。这种检查比EEG更能够反映人的心理活动。ERP的原理就是给人一种心理事件的刺激，然后测定人的心理活动电位。它要探测的是一种诱发出来的脑电活动，所以也叫作事件诱发电位。ERP常用的测查电位指标是P300和N400。这两种脑电活动都是比普通脑电更深入一层的心理活动电位变化。

3）神经心理学测评以及针对认知机能的PASS测定

脑功能测评还有一种实用、有效的方法，叫作神经心理学测评。神经心理学测评是依据脑与心理的相互关系，通过大量的临床和实验的研究，总结出来哪些机能活动的变化反映了脑的结构或机能的改变，这样就可以根据测出来的结果来推知脑的功能状态。对于脑功能的开发来讲，这是一种比较实用的测评手段。神经心理学测评有很多种方法，这里介绍一种新近开发出来的主要针对认知功能测定的方法——PASS。

（1）PASS测评的目的

PASS主要针对的是认知机能，为什么要强调认知机能？因为智商测定已不能准确反映大脑的功能状态，并且对于家长或老师来说，最需要的是那些可以用来指导教学和提高学业的测评参数，因此，作为了解学生学习活动的基础的认知机能评定就是十分必要的了。

（2）PASS量表

PASS是"Planning-Attention-Simultaneous-Successive Process"的缩写，代表的是"计划-注意-同时性操作-继时性操作"这样一个系统过程。这是关于人类认知和学习机能的一个全新的理论。这个理论基于脑的结构与机能的联系，从现代神经心理学的高度对认知机能做了系统和深入的探讨，将人的复杂的认知活动过程科学地分解为几个主要的相互关联的部分，提出了全新的认知结构模型，从而可以深入到认知过程的核心，全面地包容人的认知活动的各个方面，这对于了解学生的认知机能和全面提高学生的学习能力,科学地开发大脑潜能有着十分重要的意义。

(3) PASS测评的方法与意义

PASS的主要倡导者是加拿大科学院院士、阿尔伯特大学的J.P. Das等人。他们基于大脑认知科学的大量研究成果,尤其是苏联著名神经心理学家鲁利亚等人的工作,将人类的认知活动分解为四个基本过程,即计划机能、注意过程、**同时性操作**和**继时性操作**过程。这四个过程包含了大脑两半球的偏侧和协同活动,突出了大脑额叶的统合作用以及脑的基本功能区相互配合的重要原则。基于PASS理论而发展出来的测评量表的信度和效度已经过验定,而且通过在世界多个国家数以千计的人的实验而制定出各个年龄段的常模,目前已在美国、加拿大、法国和芬兰等国家应用于脑机能的测量。由于这个量表可以深入地探测认知机能的各个方面,满足了人们的需求,因而受到普遍好评。

中国科学院的研究人员基于对现代神经心理学理论的深入探讨,依据国际上采用的PASS测评原理,开发出适合我国中小学生检测的PASS量表,目前已在北京地区结合联合国JIP项目,在数十所中小学内展开评测。JIP项目是联合国教科文组织与我国北京市、山西、湖北、河北等省的教育科研机构和学校合作展开的、旨在通过学生主体参与的方法而提高学习能力的一项全国性科研项目。PASS评测的结果理想,有利于教师和家长了解学生的学习潜能,以及识别学习障碍和行为障碍,有较强的教学实用性,受到施测学校和家长们的普遍欢迎。

下面是PASS在北京地区测评的部分结果,其中有关于学生整体随着年龄的变化而出现的认知发展趋势,也有典型的个案的分析。

测评对象:北京市东城区中小学二年级至高中一年级在校学生。总人数为8 192人,其中男生4 206人,女生3 986人。

测查主要结果一:P值(计划机能指标)

总体趋势:随着年龄的增长,P值逐渐增加,且增长幅度较大。

同时性操作: 大脑信息处理的一种形式,指同时接收和处理一个以上的多个信息。

继时性操作: 大脑信息处理的一种形式,指一个接一个地接收和处理信息。

小学二年级：24.04

小学三年级：35.74

小学四年级：43.73

小学五年级：42.35

小学六年级：53.36

初中一年级：62.47

初中二年级：54.02

高中一年级：71.06

意义：随着年龄增长，P值呈增长趋势，表明额叶机能逐渐成熟。

测查主要结果二：A值（分心指数）

总体趋势：分心指数随着年龄的增长而呈下降趋势。

小学二年级：80.45：27.41

小学三年级：75.07：41.51

小学四年级：69.49：50.08

小学五年级：66.9：54.64

小学六年级：52.4：78.24

初中一年级：45.87：84.75

初中二年级：28.06：103.08

高中一年级：35.54：99.17

意义：分心指数随年龄增长呈下降趋势，表明有意注意能力逐步提高，注意的稳定性和选择性逐渐成熟。

测查主要结果三：S1（继时性操作指标）

小学二年级：7.6/2.32

小学三年级：8.22/1.33

小学四年级：8.55/1.3

小学五年级：8.57/1.46

小学六年级：8.72/1.23

初中一年级：9.13/0.98

初中二年级：8.94/0.45

高中一年级：9.58/0.78

意义：S1呈增长趋势，表明继时性信息加工基本空间随年龄增长而稳步扩展，反映了人脑线性信息存储和提取能力逐渐增强。

测查主要结果四：S2（同时性操作指标）

小学二年级：52.48

小学三年级：74.89

小学四年级：80.23

小学五年级：78.83

小学六年级：83.47

初中一年级：86.04

初中二年级：93.01

高中一年级：87.49

意义：S2呈增长趋势，表明同时性信息加工速率逐渐提升，反映了人脑空间信息处理基本能力逐渐提高。

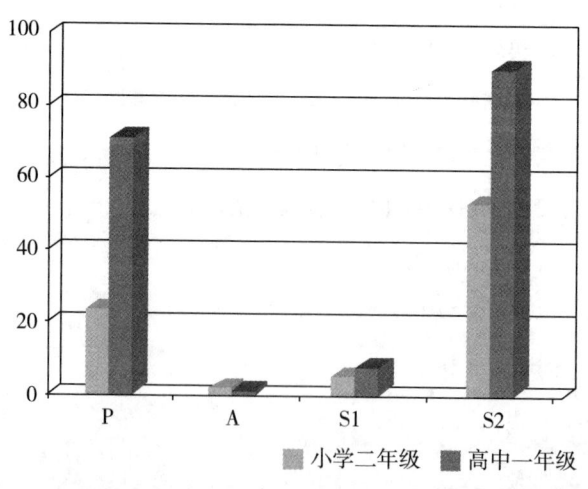

图23-1：小学二年级与高中一年级学生PASS四项数据对比图

下面通过两个典型的个案来说明一下PASS测评的效果和意义。

个案分析一：

测查结果：

P：89（73）

A：1∶138（36∶93）

S1：10/2（9/0）

S2：100（94）

（括号内的数是该年龄段的平均值）

可以看出，该生各项认知机能均较平均水平为高。该生在校学习成绩优秀：语文94分，数学100分，英语96分。瑞文测试得到的该生的智能状况也是高智力水平。这表明，PASS测定与学业和智能有高度的相关，但更重要的是PASS提供了学生在计划、注意、继时和同时操作各方面的认知机能状况，为进一步开发大脑机能提供了具体参数。

个案分析二：

测查结果：

P：44（73）

A：48∶67（36∶93）

S1：8/2（9/0）

S2：70（94）

可以看出，该生各项指标均较平均水平为低。该生在校的学习成绩较差：语文73分，数学65分，英语68分。瑞文测试出该生的智能状况也是中等偏低智力水平。同上例一样，这个结果也表明PASS不仅与学业和智能状态密切相关，同时还可以提供信息，告诉我们需要在哪些认知机能方面努力，才能有效地改善目前的状态。

以上这两个个案表明，PASS既不是智能测试，也不是学业测评，但是与这两者都有关系。它可以通过对一个学生的认知机能的四大方面的检测，为教师和家长提供如何更好地开发学生的学业和智能的重要参考数据。